Feng Shui für
Beruf und Karriere

Thomas Fröhling / Katrin Martin

Feng Shui für Beruf und Karriere

Mehr Erfolg, Harmonie und Energie
am Arbeitsplatz durch gezieltes Einrichten
und Gestalten

Mosaik

INHALT

Vorwort 7

Feng Shui in der Berufs- und Arbeitswelt 11
Von der Krise zum Neubeginn 11
Die innere Balance 12
Feng Shui – eine Geheimlehre? 16

Das Basiswissen des Feng Shui 19
Das Ch'i – die Lebensenergie 20
Das Sha – die fehlgelenkte Energie 21
Yin und Yang 24
Die fünf Elemente 26
  Der Schöpfungs- und Kontrollzyklus 27
  Welche Elemente passen zueinander? 28
Das I-Ging und seine Trigramme 32
Die Himmelsrichtungen 37
  Die vorhimmlische Reihenfolge 37
  Die nachhimmlische Reihenfolge 38
Das Lo Shu – das magische Quadrat 39
Das Bagua 40

Die Hilfsmittel des Feng Shui 45
Die Bewegung des Ch'i in Räumen 46
Blumen und Kübelpflanzen 48
Spiegel 49
  Besondere Spiegel 49
Licht 50
Bewegte Objekte 51
  Das eigene Mobile 51
  Die gute alte Türglocke 53
Wasser, der Quell des Lebens 54
Edelsteine und Mineralien 54
Das I-Ging Glücksband 55
Die Feng-Shui-Glücksmaße 55

Wegweiser in die Feng-Shui-Praxis 59
Feng-Shui-Analyse für Arbeitnehmer 59
Feng-Shui-Analyse für Arbeitgeber 60
Die Fünf-Elemente-Theorie 62
  Das persönliche Element 63

INHALT

Das berufliche Element 67
Die Bagua-Analyse 68
  Beispiel Fehlbereich 70
  Beispiel Hilfreiche Erweiterung 70
  Grundrisse in L- oder T-Form 71
  Ausgleich von Fehlbereichen 71
Die Trigramme in der Feng-Shui-Praxis 72
Die wichtigsten Feng-Shui-Regeln 76

Feng-Shui für Firmen 81
Das Umgebungs-Feng-Shui 81
Der Eingangsbereich 85
  Die Ausrichtung der Tür 88
Die Fenster 89

Beispiele: Feng Shui in der Arbeitswelt 91
Die Arztpraxis 91
  Generelles über Praxen 94
Geschäfte, Restaurants 96
Das Büro 99
  Der Schreibtisch 99
  Die Bedeutung der Farben 101
  Das Einzelbüro 102
  Das Gemeinschaftsbüro 105
  Das Großraumbüro 107
  Der Konferenzraum 107
  Das Büro für unterwegs 108
  Das Büro zu Hause 109

Wenn die Karriere stagniert 113
Feng Shui daheim 114
Das innere Feng Shui 114
Die Graphotherapie 117

Ein Brief an unsere Leser 120
Register 122
Literatur 124
Verzeichnis der Tabellen 125
Adressen 126

Vorwort

Wie kann uns Europäern von heute eine mehr als 4000 Jahre alte Harmonielehre aus dem Reich der Mitte neue Anstöße für den Beruf und die Karriere geben? Was sollte einen hochqualifizierten Angestellten an seinem Computerterminal dazu bewegen, sich mit Gesetzmäßigkeiten zu beschäftigen, die lange vor der Geburt von Christus entdeckt wurden? Auf welche Weise könnte dem modernen Menschen im hochindustrialisierten Westen das Feng Shui (übersetzt: „Wind und Wasser") der alten Chinesen weiterhelfen, in seinem Betrieb aufzusteigen oder – wenn er zum Vier-Millionen-Heer der Arbeitslosen zählt – wieder in die Arbeitswelt einzusteigen?

Das waren die drei wichtigsten Fragen, die uns gestellt wurden, als wir dieses Buch vorbereiteten. Unsere Antworten der Reihe nach: Die Welt hat sich in den vergangenen 4000 Jahren gewiß sehr verändert. Unberührt davon aber blieben die Gesetzmäßigkeiten, die das Feng Shui aufgreift und erklärt, ebenso wie wir Menschen, die wir uns in dieser Ordnung bewegen und in Harmonie mit ihr leben sollten.

Feng Shui - eine mystische Innenarchitektur?

Auch in Europa ist nun seit einigen Jahren diese Harmonielehre der Chinesen populär geworden. Veröffentlichungen beschäftigten sich bisher jedoch fast ausschließlich mit dem Wohnen; der praktische Nutzen dieser Lehre für die Arbeitswelt ist vielen noch nicht bekannt.

Doch Feng Shui ist mehr als eine mystische Innenarchitektur. Es beruht auf der chinesischen Philosophie, die einst über Naturbeobachtungen die hinter den äußeren Erscheinungen wirkenden

*Abb. links:
Streß am Arbeitsplatz, Hektik beim Einkaufen nach Feierabend. Bei alledem bleibt häufig nicht genügend Zeit, um den eigenen Standpunkt zu überdenken, ihm eine neue Richtung zu geben. Hier hilft Feng Shui weiter – beruflich und privat. Es zeigt Wege auf, Disharmonien auszugleichen, das Leben wieder als Einheit begreifen zu können, trotz der mannigfachen Anforderungen, die der Alltag an uns stellt.*

Die chinesischen Schriftzeichen für Wind (oben) und Wasser (unten)

Kräfte und ihr Zusammenspiel untersuchte und zu universalen Gesetzmäßigkeiten gelangte. Diese Erfahrungen wurden auf nahezu alle Bereiche des gesellschaftlichen Lebens übertragen, so zum Beispiel auf die chinesische Medizin oder das Feng Shui des Lebens- und Arbeitsumfeldes.

In vielen Ländern Asiens, so auch in Taiwan, auf den Philippinen und ganz besonders in Hongkong, gilt es als Selbstverständlichkeit, vor Gründung und Aufbau eines Unternehmens einen Feng-Shui-Berater hinzuzuziehen. Der Experte überprüft, ob die Geschäftsidee mit dem persönlichen Horoskop des Auftraggebers harmonisiert. Nach diesem ersten Schritt wird die Umgebung mit den günstigsten Einflüssen für das Unternehmen gesucht, bevor dann der genaue Standort, die Ausrichtung und Einrichtung eines Firmengebäudes festgelegt und erarbeitet werden.

Auch Angestellte profitieren

Aber Feng Shui ist nicht nur für „Big Bosse" bestimmt. Auch Angestellte gehen in Asien häufig zu einem Feng-Shui-Experten, wenn sie sich in ihrem Beruf unwohl fühlen oder den Job wechseln möchten. Auch ihnen hilft der Berater mit konkreten Tips weiter, die den Klienten oft genug vom Beruf zur Berufung führen.

Der gute Feng-Shui-Berater nimmt den Ratsuchenden nicht (nur) als Buchhalter, der Probleme hat, wahr, sondern als einen Teil der universellen Kräfte. Er wird ihn nicht auf Zahlen und Ziffern reduzieren, sondern als Ganzes sehen.

Die Sprache unserer Intuition

Gerade in einer Zeit, in der die Welt immer näher zusammenrückt, steht es uns gut an, mit Hilfe des chinesischen Feng Shui globales Denken (und Fühlen!) zu erlernen. Und das ist leichter als vielleicht gedacht: Denn Feng Shui ist bereits in uns allen, aber in vielen Fällen verleiht diese Harmonielehre unserer Intuition erst eine Sprache.

Betrachten wir nun die Begriffe „Wind und Wasser" einmal genauer. Das Wasser, das sich von einem Felsen herab seinen Weg bahnt, sehen wir, den Wind aber nicht. Wir erkennen ihn erst an seinen Auswirkungen, daran etwa, daß er die Wäsche von der Leine gerissen, einen Baum umgestürzt, ein Auto umgekippt oder Häuser abgedeckt hat. Beide Begriffe stehen also für wesentliche Erscheinungsformen der Natur – zugleich aber auch für die Energiequelle, die sie antreibt.

Nehmen wir nun unsere Situation am Arbeitsplatz. Was wir produzieren, was wir tun, ist für uns klar und deutlich zu erkennen. Was wir aber sehr oft nicht wahrnehmen, ist das, was diese Arbeit beeinflußt oder beeinträchtigt. Natürlich spürt der Angestellte irgendwann, daß ihm „die Felle davonschwimmen"; der Unternehmer erkennt an seinen Bilanzen, daß sein Betrieb „den Bach runtergeht", und der Arbeitslose fühlt quälend den Stillstand in seinem Leben: Nichts „fließt" mehr.

Mit Feng Shui lernen wir zu erkennen, welche Gesetzmäßigkeiten hinter äußeren Erscheinungen und Ereignissen stehen. Feng Shui zeigt uns den Weg, wie wir die uns blockierenden Energien ausgleichen und dadurch für uns nutzen können.

Mit Hilfe dieses Buches werden Sie lernen, wie Sie für Ihren Beruf und Ihre Karriere diese unsichtbar wirkenden Kräfte nutzen können, und Sie werden schon bald sichtbare Verbesserungen erzielen. Sollten Sie über das Buch hinaus Fragen haben, wenden Sie sich bitte an das Deutsche Feng Shui Institut. Näheres dazu finden Sie auf der Seite 126.

Katrin Martin
Thomas Känlig

Feng Shui in der Berufs- und Arbeitswelt

Unsere Welt befindet sich im Wandel. Auch wir in Europa leben nicht länger auf einer „Insel der Seligen" mit sozialen Rundumversicherungen und krisenfesten Jobs. Schlagworte wie Globalisierung, Rationalisierung und „Euro" lösen bei vielen von uns Ängste aus, und wie gebannt starren wir auf die Arbeitslosenzahlen, die, scheinbar unaufhaltsam, Monat für Monat weiter nach oben klettern. Wer noch Arbeit hat, muß mehr leisten als früher und sich immer neuen Herausforderungen stellen. Wer aus dem Erwerbsleben ausscheidet, hat oft nur wenig Chancen für einen Wiedereinstieg und erlebt für sich den totalen Stillstand.

Abb. links:
Ganz gleich, in welcher Branche Sie arbeiten, ob als Bankangestellter, Berufsfahrer, Arzt oder Vertreter, Feng Shui zeigt Ihnen Wege zum beruflichen Erfolg.

Das Schlimmste daran ist, daß wir uns ausgeliefert fühlen, den Eindruck haben, anonymen Mächten ausgeliefert zu sein, die über uns bestimmen. Denn was nutzen einem Arbeiter in Pinneberg sein ganzer Fleiß und sein handwerkliches Können, wenn die Firmenleitung in London beschließt, die gesamte Produktion nach Singapur auszulagern?

Von der Krise zum Neubeginn

Hier kann uns richtig verstandenes und gelebtes Feng Shui eine neue Richtung weisen: den Weg vom Opfer zum Schöpfer, aus der passiv erlittenen Krise hin zu einem selbstbestimmten Neubeginn. Wir jedenfalls konnten bei unseren Beratungen immer wieder die Erfahrung machen, daß bereits kleine Veränderungen im Lebens- und Arbeitsumfeld den Anstoß für einen erfolgreichen Neuanfang geben können. Krisen tragen stets auch Chancen in sich; man sollte sie nur zu nutzen wissen. Eine Entlassung muß nicht das Ende bedeuten, sondern kann auch einen neuen Anfang signalisieren, den wir eigentlich schon längst ins Auge gefaßt hatten, zu dem uns nur bislang das Selbstvertrauen fehlte.

Die innere Balance

Und auch das ist Feng Shui: Nicht nur auf das Äußere unserer Umwelt bezogen, sondern auch auf unser eigenes Inneres. Die meisten Leser werden die chinesische Harmonielehre freilich nur als eine Methode kennen, Häuser und Wohnungen im Einklang mit der weiteren und näheren Umgebung einzurichten. Man kann aber in diesem Zusammenhang ruhig – so wie die Autoren es gerne tun – von „Raumpsychologie" sprechen. Der äußere Rahmen, sei es die Wohnung oder der Arbeitsplatz, ist wichtig genug, aber auch das innere Feng Shui, das Gleichgewicht der seelischen Kräfte, muß stimmen.

Alles ist in uns, aber wir müssen lernen, unser Potential zu wecken und zu nutzen.

Es geht um den ganzen Menschen, nicht nur um den Funktionsträger im Betrieb und am Arbeitsplatz, den Wohnungs-, Appartementinhaber oder Hausbesitzer. Wir sollten uns nicht reduzieren auf das, was wir gerade tun oder wo und wie wir wohnen. Mit Hilfe von Feng Shui werden wir uns aller Möglichkeiten in uns bewußt. Dieses so oft verschüttete Potential wieder neu zu beleben, sehen wir als eine der Hauptaufgaben für eine wirkungsvolle Feng-Shui-Beratung an, ganz besonders im Bereich Beruf und Karriere.

Viele Menschen, die noch nie etwas von Feng Shui gehört haben, besitzen eine „Antenne", eine feine Intuition für günstige oder ungünstige Veränderungen in ihrem Leben und in ihrem Beruf, aber nur wenige vertrauen ihrer „inneren Stimme" und handeln danach. Das zeigt auch die Geschichte der Architektin Bettina A., von der wir Ihnen auf der folgenden Seite berichten.

FENG-SHUI-PRAXIS
Wenn die „Aussicht" fehlt

Die Architektin Bettina A. hatte uns um eine Feng-Shui-Analyse ihres Hauses gebeten. Seit einigen Monaten klagte sie über Depressionen und Kopfschmerzen. Bei unserem Gespräch wurde uns rasch klar, daß ihr mit viel Geschmack eingerichtetes Haus nicht die Ursache ihrer Bedrückung sein konnte. Wir forschten deshalb nach privaten oder beruflichen Schwierigkeiten. Dabei stellte sich folgendes Problem heraus:

Bettina A. war seit drei Jahren in einem Architekturbüro angestellt mit einem eigenen, hellen und gut ausgestatteten Büro mit schöner Aussicht. So fühlte sie sich auch in den ersten beiden Jahren an ihrem Arbeitsplatz ausgesprochen wohl. Sie verbesserte ihre Position und verdiente gut. Vor sechs Monaten jedoch änderte sich alles. Ihre Arbeit erschien ihr mit einem Mal wenig interessant, die Routine dominierte. Zudem hatte man einen neuen Kollegen eingestellt, der ihr offensichtlich ihre Position streitig machen wollte. Bettina A. wurde klar, daß die Zeit für einen Absprung reif war. Schon lange hatte sie von einer Selbständigkeit geträumt. Andererseits schien ihr eine so radikale Veränderung in Zeiten einer allgemeinen Bauflaute doch zu riskant. So schob sie ihre Entscheidung immer wieder hinaus. Bis zu dem Tag, an dem der Chef mitteilte, daß – genau vor den Fenstern ihres Büros – ein Neubau errichtet werden sollte. Schlagartig wurde ihr klar, daß sie nun in doppelter Hinsicht keine „Aussichten" mehr haben würde. Obwohl Bettina A. dies als deutliches Signal zur Kündigung wahrnahm, fehlte ihr letztlich doch der Mut dazu. Wir rieten ihr dringend, ihrer inneren Stimme zu vertrauen. Sie folgte diesem Rat und führt heute selbst ein erfolgreiches Architekturbüro.

Feng Shui bedeutet also auch, sich von Altem zu lösen, Ballast abzuwerfen, um sich unbelastet dem Neuen zuzuwenden. Wie heißt es doch so schön: Nur wer losläßt, hat wieder beide Hände frei. Davon legt auch das Beispiel von Walter B. Zeugnis ab, zu dem uns eine weitere Hausanalyse führte.

FENG-SHUI-PRAXIS
Wenn der Betrieb „verschlankt" wird

Der 55jährige Walter B. war mehr als 30 Jahre lang Prokurist einer Firma für Gebäudereinigung gewesen und dann im Zuge einer „Verschlankung" des Betriebes entlassen worden. Er lebte nun, bis zum Erreichen der Pensionsgrenze, recht ordentlich von seinen Ersparnissen. Aber mit der Umstellung wurde er nicht fertig. Doch wie „in meinem Alter!" noch eine Anstellung finden? Außerdem, so sagte er uns, fühle er sich noch immer irgendwie an die alte Firma gebunden – nein, besser wohl: gefesselt.

Seine Wohnung war angefüllt mit Erinnerungen an den alten Job: Fotos von ihm und seinen Kollegen hingen an den Wänden. Stifte mit der Reklameaufschrift der ehemaligen Firma lagen überall herum. Er trug die Uhr, die er zum 25. Berufsjubiläum erhalten hatte. Darauf angesprochen bekannte er selbst: „Ja, eigentlich weiß ich, daß es gar nicht so gut ist, all das weiter mit mir rumzuschleppen. Die Erinnerung bedrückt mich auch."

Das Problem war erkannt. Wilhelm B. befreite sich von den belastenden Souvenirs und verabschiedete sich damit auch gleichsam von seiner beruflichen Vergangenheit. Schon lange hatte der Teeliebhaber mit dem Gedanken gespielt, einen kleinen Laden mit raren Teesorten und besonders ausgewähltem Zubehör zu eröffnen. Vor einigen Wochen hat er sich seinen Traum erfüllt, und wir zählen seitdem zu seiner ständig wachsenden Kundschaft.

An dieser Stelle sei allerdings auch von einer Kollegin des Autors erzählt, die genau das Gegenteil tat: Sie ließ nicht los, hielt an Gewohntem fest – und hatte damit ebenfalls Erfolg.

> **FENG-SHUI-PRAXIS**
> *Beharrlichkeit führt zum Erfolg*
>
> Die Journalistin Claudia W. arbeitete sieben Jahre lang zufrieden und erfolgreich bei einer Zeitschrift. Dann aber begann deren Auflage zu sinken, zuletzt mußte die Zeitschrift ganz eingestellt werden. Nun hatte sich Claudia W. bei der Arbeit an diesem Magazin, vor allem aber in ihrem Arbeitszimmer sehr wohl gefühlt. Was also tat sie? Sie kaufte dem Verlag die gesamte Büroeinrichtung und -ausstattung (Möbel, Lampen, Teppiche, Bilder und Computer etc.) ab und „verpflanzte" alles in ihr Haus. Hier arbeitete sie in dem für sie vertrauten Arbeitsumfeld einige Wochen lang an den Geschichten weiter, die sie recherchiert und bereits für den Abdruck vorbereitet hatte. Ihr Gefühl und ihre innere Stimme sagten ihr, daß sie vor einem Neubeginn erst einmal alles Begonnene einem guten Abschluß zuführen müsse.
> Dieses etwas seltsame Beharren zeigte allerdings einen unerwarteten Erfolg. Der ehemalige Chefredakteur ihrer Zeitschrift hatte inzwischen bei einem anderen Verlag Anstellung gefunden. Er war Mitglied eines Planungsstabs für ein neues Projekt, für das diese Geschichten von Claudia W. sich bestens eigneten. Heute arbeitet auch sie wieder fest für einen neuen Verlag. Umgezogen ist sie natürlich wieder mitsamt ihrem alten Arbeitszimmer!

So führt bisweilen auch Beharrlichkeit zum Erfolg. Und zwar dann, wenn man eine Vergangenheit – sei sie belastet oder unbelastet, gut oder schlecht – noch nicht loslassen, d.h. ad acta legen kann, da sie noch nicht abgeschlossen und bewältigt ist. Im vorab geschilderten

Beispiel mußte erst eine positive Lebensphase auch ihren guten Abschluß finden, ehe der Aufbruch in einen neu orientierten und auch erfolgreichen Lebens- bzw. Berufsabschnitt erfolgen konnte.

Den vorgenannten Beispielen wollen wir nun zum Schluß eine weitere Geschichte anfügen, die wir als besonders kraß empfanden. Sie ist ebenfalls ein Beispiel dafür, wie die von uns durchgeführten Feng-Shui-Wohnungsanalysen nicht selten Probleme aufdecken, die ihre Wurzeln nicht im heimischen Bereich haben, sondern im beruflichen Umfeld. Es sind diese und ähnliche Erfahrungen mehr, die uns dazu angeregt haben, das vorliegende Buch zu schreiben.

FENG-SHUI-PRAXIS
Wie eine Karriere „den Bach runtergeht"

Dieter S. hatte lange Zeit als Abteilungsleiter in einer Warenhauskette gearbeitet. Als das Unternehmen anfing, rote Zahlen zu schreiben, versuchte man, ihn ohne Abfindung einfach abzuschieben. Als Dieter S. sich das nicht gefallen ließ, quartierte man ihn aus seinem Büro in ein fensterloses Kämmerchen um, das direkt neben der Toilette lag! Aus der Sicht des Feng-Shui-Kundigen bedeutete dies gleichsam, daß die berufliche Karriere von Dieter S. den „Abfluß hinuntergespült wurde". Bei der Analyse seiner Wohnung gaben wir ihm zunächst einmal ein paar Tips für eine harmonischere Gestaltung. Unser wichtigster Rat für den ausgebooteten Abteilungsleiter aber war, sich umgehend einen Rechtsanwalt zu nehmen, der sich auf derartige Fälle spezialisiert hat!

Feng Shui - eine Geheimlehre?

Im nun folgenden Kapitel werden wir Sie mit dem Basiswissen des Feng Shui vertraut machen. Den Theorien haben wir stets Beispiele aus der Praxis zugeordnet, an denen Sie sich leicht orientieren können. Und glauben Sie uns: Feng Shui ist keine Geheimlehre, deren Weisheit sich nur wenigen offenbart. Wir sind sicher, daß Menschen, die jeden Tag in ihrem Beruf schwierige Probleme zu lösen haben, danach auch noch ihren Haushalt organisieren, Kinder erziehen, ihre private Buchhaltung erledigen und vor dem Schlafengehen in einem Sachbuch blättern, durchaus in der Lage sind, die Feng-Shui-Grundlagen zu verstehen und (besser noch) zu erfühlen.

Auch die Autoren sind keine Chinesen und haben das Feng Shui nicht „mit der Muttermilch aufgesogen". Vor einigen Jahren haben wir begonnen, uns intensiv mit der chinesischen Philosophie und Medizin zu beschäftigen. Im Zuge unserer Arbeit mußten wir zwangsläufig auf Feng Shui stoßen, denn es handelt sich hierbei um keine isolierte Lehre, sondern um den starken Ast vom Baum des universellen Wissens. Als wir uns dann näher mit dieser Harmonielehre beschäftigten, wurde uns bewußt, daß wir, ohne ihre Gesetzmäßigkeiten zu kennen, bereits vieles davon intuitiv in unserem Heim und bei unserer Arbeit umgesetzt hatten. Wir sind sicher, daß es Ihnen beim Lesen dieses Buches ebenso gehen wird.

Aus anfänglicher Faszination wurde ein ernsthaftes Studium. Wir besuchten Seminare, verfolgten Publikationen bekannter Feng-Shui-Lehrer. Doch wir stellten auch fest: So manches, was Experten in Asien lehren, macht in Europa wenig Sinn. Hier galt es, neue Lösungen im recht verstandenen Geiste dieser Harmonielehre zu finden, also eine Art „Euro-Feng-Shui" zu entwickeln. Das war bereits in unserem ersten Buch „Wohnen mit Feng Shui" eines unserer Anliegen, und das gilt nun um so mehr für das Thema „Beruf und Karriere".

Nun wollen wir uns aber erst einmal mit der Theorie einer faszinierenden Harmonielehre vertraut machen, die uns oft so merkwürdig vertraut erscheint, weil wir vieles davon schon immer gefühlt haben.

Das Basiswissen des Feng Shui

In der rund 4000jährigen Geschichte des Feng Shui haben sich aus seiner ursprünglichen Form zahlreiche Methoden der Analyse entwickelt. Grundlegend sind die Kompaß- und die Formenschule des Feng Shui. Während sich letztere auf die Konturen von Bergen, Gewässern und Gebäuden konzentriert, orientiert sich die Kompaßmethode an den Himmelsrichtungen und bezieht auch mathematische Formeln in ihre Analyse mit ein. Ziel war und ist immer, die Gesetzmäßigkeiten der hinter den Erscheinungen wirkenden, unsichtbaren Energien zu erkennen, die sich in vielerlei Gestalt manifestieren.

Abb. links: Wasser ist eines der wichtigsten Feng-Shui-Heilmittel. Es verstärkt die positive Wirkung des Ch'i und fördert Reichtum und Wohlstand.

Um diese unterschiedlich wirkenden Energien zu beschreiben, bedient man sich zahlreicher Entsprechungen. Sie sind für uns Europäer, die wir in erster Linie linear und rational zu denken gelernt haben, oft sehr ungewohnt. Um die Grundlagen des Feng Shui zu verstehen und anwenden zu können, müssen wir umdenken und die in der chinesischen Kultur entstandenen Bilder und Analogien verstehen. Unternehmen wir doch zunächst einmal einen Versuch: Was meinen Sie, welcher Zusammenhang zwischen den Begriffen Winter, Kälte, Blau, Wasser und Wissen besteht?

Auf den ersten Blick gibt es für die meisten von uns keinen erkennbaren Zusammenhang zwischen diesen Begriffen, wohl aber aus der Sicht des Feng Shui. Alle Zuordnungen sind Verkörperungen des Universalprinzips der absteigenden Energie. So steht der Winter für die Kälte. Die Energien ziehen sich ins Erdinnere zurück, bis sie dann im Frühling die Natur dazu bewegen, mit neuer Kraft emporzustreben. Die Farbe Blau ist die kühlste Farbe. Sie beruhigt und hilft, sich seinem Inneren zuzuwenden. Blau ist auch die Farbe des Wassers, das natürlicherweise immer nach unten fließt („absteigend"). Wissen muß in uns „einfließen", damit wir es uns zu eigen machen können.

Wir wollen Ihnen nun die wichtigsten Grundlagen des Feng Shui vorstellen. Dabei geht es in erster Linie immer um die Lebensenergie Ch'i, die sich uns in Form ihrer Entsprechungen, also zum Beispiel als Element, Himmelsrichtung, Farbe oder Jahreszeit, zu erkennen gibt. Diese Wandlungsphasen und Verkörperungen dienen als Bezugspunkte für die Kunst des Feng Shui.

Chinesisches Schriftzeichen für das Ch'i, die universelle Energie, die alles belebt.

Das Ch'i – die Lebensenergie

Die Lebensenergie Ch'i ist in allem und jedem, im Wind, dem Wasser, den Pflanzen und Tieren und natürlich auch in uns selbst. Sie ist die universelle Kraft, die alles belebt, der Atem des Lebens, der uns begleitet, solange wir sind.

Wenn Ch'i ungehindert und frei in unserem Körper zirkulieren kann, jedes Organ und jede Zelle von dieser lebensspendenden Kraft durchflutet wird, sind wir gesund. Durch ungesunde Lebensweise, schädigende Umwelteinflüsse oder psychische Belastungen, wie etwa andauerndem Streß oder ständiger Angst um den Arbeitsplatz, kommt es zu Blockaden in unserem energetischen System. Das Ch'i kann nun nicht mehr frei fließen, was auf der einen Seite zu einem Zuviel und auf der anderen zu einem Zuwenig an Energie führt. Die Folgen dieser Disharmonie spüren wir ganz deutlich: Wir sind mißgestimmt, unausgeglichen und müde oder klagen sogar über körperliche Beschwerden.

Zahlreiche medizinische Behandlungsmethoden, so zum Beispiel auch die Akupunktur, fußen auf der Existenz dieser Universalenergie und haben das Ziel, Ch'i wieder in Schwung zu bringen. Um das zu erreichen, aktiviert man mit speziellen Nadeln bestimmte Akupunkturpunkte, die sich auf den Meridianen, den Energieleitbahnen des Körpers, befinden. Ähnlich behandelt angewandtes Feng Shui auch unseren Arbeitsplatz, denn Ch'i befindet sich überall. Normalerweise fließt die unsichtbare Lebensenergie langsam, in sanft wellenförmigen Bewegungen. Verteilt sie sich ungehindert im Raum, so werden wir von ihr „genährt", die Arbeit geht uns gut von der Hand, und wir kommen auch im Beruf stetig voran.

Das Sha – die fehlgelenkte Energie

Gerät Ch'i aus seiner natürlichen Bewegung, dann entsteht Sha-Energie. Und die sollten wir meiden, wenn wir beruflich erfolgreich sein wollen. Denn Sha unterstützt und nährt uns nicht mehr, sondern kann uns im Gegenteil bei unserer Arbeit blockieren.

FENG-SHUI-PRAXIS
„Energieautobahnen" und „versteckte Pfeile"

Die Reisebüroangestellte Beate U. fühlt sich unwohl an ihrem Arbeitsplatz. Aber sie weiß nicht warum, denn eigentlich hat sie Spaß an ihrem Job. Der Grund ihres Unbehagens liegt woanders: In ihrem Büro ist sie massiven Sha-Einflüssen ausgesetzt. Sie sitzt direkt gegenüber der gläsernen Eingangstür; hinter ihr befindet sich ein langer Gang, in dem die Prospekte der Reiseveranstalter aufbewahrt werden. Unsere Großeltern hätten gesagt: „Die Frau sitzt im Zug". Damit nicht genug. Wenn sie mit ihrem Bürostuhl zum Computer rollt, sitzt sie zwar nicht mehr genau zwischen Eingangstür und Flur (man nennt das im Feng Shui eine „Energieautobahn"), sondern hat nun ein schweres Regal mit der spitzen Abschlußkante im Rücken. Und das wiederum nennen die Chinesen „versteckte Pfeile".

„Versteckte Pfeile" sind Sha-Energie. Sie entstehen, wenn Ecken und Kanten von Gebäuden und Möbeln auf uns gerichtet sind. Von „Energieautobahnen" sprechen wir, wenn sich das Ch'i beschleunigt, zum Beispiel auf langen Fluren und schnurgeraden Straßen.

DAS BASISWISSEN DES FENG SHUI

Ein nicht gerade günstiger Büroraum, denn die Dachschräge könnte bedrückend wirken, und eine Vielzahl „versteckter Pfeile" (offene Regale, Kanten und Ecken) ist auf den Arbeitsplatz gerichtet. Was Sie dagegen tun können, erfahren Sie ab S. 45

Sha ist, ganz einfach gesagt, fehlgelenktes, mangelndes, stagnierendes oder beschleunigtes Ch'i. An einem von Sha bestimmten Ort werden wir keine „bewegenden" Arbeitsergebnisse hervorbringen können. Ein Mangel an Energie beeinträchtigt uns im Arbeitsleben ebenso wie beschleunigtes Ch'i, das unsichtbare Energieströme entstehen läßt, die uns wie Pfeile attackieren. Sogar der einfache Kugelschreiber oder Brieföffner (natürlich ebenso Messer und Gabel) können Sha-Pfeile aussenden. Auch dazu ein sinnfälliges Beispiel: Ein Kollege des Autors fühlte sich permanent von seinem Vorgesetzten bedroht, der bei Diskussionen ständig mit dem Kugelschreiber in der Hand auf ihn zielte. In der Kantine setzte er das Gespräch mit ihm fort, indem er bei seinen Erklärungen und Anweisungen das Messer oder die Gabel auf sein Gegenüber richtete. Der Kollege war von dieser Angewohnheit so irritiert, daß er den Worten seines Ressortleiters kaum folgen konnte, immer öfter Fehler beging – bis er schließlich entnervt kündigte. Erst als er sich näher mit Feng Shui beschäftigte, begriff er, was damals vorgegangen war.

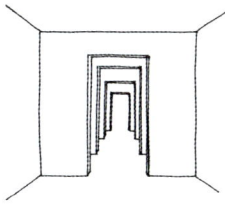

Ch'i und Sha sind Ausdrucksformen ein und derselben Energie und stellen lediglich qualitative Veränderungen dar. Während die Ch'i-Energie für Harmonie und Ausgewogenheit steht, ist der Sha-Zustand durch Mangel, Stagnation oder zu starke Beschleunigung gekennzeichnet. Eigentlich ist Feng Shui die Lehre von den Energiebewegungen. Sind wir in der Lage viel Ch'i anzuziehen, so werden wir auch Erfolg im Beruf haben, Zufriedenheit und Wohlstand anziehen. Um das zu erreichen, ist es wichtig, die Faktoren zu erken-

Zu lange Flure, die rechts und links mit Türen gesäumt sind, beschleunigen das Ch'i. Die Folge sind sogenannte „Energieautobahnen".

Sha-Einflüsse in der äußeren Umgebung des Arbeitsplatzes:

- gerade Straßen, Wege, Durchgänge, Treppen und Brücken, die direkt auf ein Gebäude zuführen
- Gebäudeecken und -kanten, die direkt auf uns gerichtet sind
- unbewegtes, trübes Wasser
- Friedhöfe
- Stromleitungen, Trafohäuser, Umspannstationen, Sendemasten und Bahngleise

Sha-Einflüsse am Arbeitsplatz:

- Ecken und Kanten von Möbeln oder spitze Gegenstände, die direkt auf uns gerichtet sind
- lange Flure; Fenster und Tür oder Fenster und Fenster liegen einander direkt gegenüber
- Treppen mit offenen Stufen
- eingeschaltete elektrische Geräte in unmittelbarer Nähe des Menschen

nen, die die natürlichen und nährenden Eigenschaften des Ch'i verändern und Sha erzeugen.

Auch alles, was verbraucht ist, nicht mehr zu uns gehört oder nicht funktionstüchtig ist, symbolisiert Stillstand und Energieverlust. Konkret bedeutet das: Leeren Sie täglich Ihren Papierkorb; räumen Sie abends den Schreibtisch auf; schieben Sie Unerledigtes nicht länger als unbedingt nötig vor sich her, denn das bindet Energien, die Ihnen anderweitig fehlen.

Hier noch ein Tip zur Verbesserung des Ch'i: In geschlossenen Räumen stagniert Ch'i und verliert seine aufbauenden und nährenden Eigenschaften. Sorgen Sie immer für einen aktiven Luftaustausch. Lüften Sie deshalb mehrmals am Tag kräftig Ihren Arbeitsplatz.

Ziel des Feng Shui ist es, Sha-Einflüsse zu erkennen und auszugleichen, damit die Lebensenergie Ch'i wieder ungehindert fließen kann. Um das zu erreichen, legt man größten Wert auf eine harmonische Einrichtung von Räumen und setzt Hilfsmittel ein, die stagnierende Energie wieder in Bewegung bringen und beschleunigte abbremsen. Lesen Sie dazu das Kapitel: „Die Hilfsmittel des Feng Shui" (S. 45 ff.).

Yin und Yang

Yin und Yang, die beiden Grundprinzipien, die erst gemeinsam ein vollständiges Ganzes bilden.

Ein altes deutsches Sprichwort sagt: „Wo Licht ist, da ist auch Schatten." Ein chinesischer Feng-Shui-Experte hätte das nicht besser ausdrücken können. Denn auch die uralte Harmonielehre aus dem Reich der Mitte basiert auf diesen beiden Polaritäten, die einander nicht ausschließen, sondern bedingen: Yin und Yang. Unser gesamtes Leben vollzieht sich zwischen diesen beiden Polen. So wechseln Tag (Yang) und Nacht (Yin) einander ab; so wird Licht (Yang) zum Schatten (Yin); die Sonne (Yang) geht unter, der Mond (Yin) auf.

Die Entsprechungen von Yin und Yang

Yin	Yang
weibliches Prinzip	männliches Prinzip
Mond	Sonne
Intuition	Wissen
Winter	Sommer
Erde	Himmel
kalt	heiß
innen	außen
unten	oben
Ruhe	Aktivität
Gefühl	Verstand
lernen	lehren
geführt werden	führen
zuhören	sprechen
Amboß	Hammer

Yin und Yang zeigen sich auch in uns Menschen, wobei ein jeder von uns mal mehr, mal weniger Yin und Yang lebt. Ein Friseur etwa, der seinen Meister machen will, hat viel Theorie zu lernen. Er muß also Wissen aufnehmen. Aufnehmen ist eine dem Yin zugeordnete Eigenschaft. Hat er die Meisterprüfung gemacht, arbeitet er in seinem Salon und muß das Erlernte (Yin) in praktische Tätigkeit (Yang) umsetzen.

In diesem Zusammenhang ist ein wesentlicher Unterschied zwischen westlicher Lebensanschauung und östlicher Lebensphilosophie von Bedeutung. Um gegensätzliche Positionen aufzuzeigen, betonen wir Europäer gern das Trennende, das „Entweder/Oder". Die Chinesen gehen damit ganz anders um. Sie vergrößern nicht die Kluft zwischen den Gegensätzen, sondern bauen gleichsam eine Brücke zwischen ihnen, indem sie das sich Ergänzende in den Vordergrund rücken. Diese Weltsicht wird genährt aus der tiefen Erkenntnis, daß sich widersprechende Ansichten immer zwei Seiten einer Sache widerspiegeln.

> **FENG-SHUI-PRAXIS**
> *Yin und Yang in der Wirtschaft*
>
> Zwei Manager eines Automobilkonzerns vertreten in ihrer Zielsetzung konträre Ansichten. Der eine plädiert für ein offensives Vorgehen, für den Ausbau der Marktposition. Für ihn bedeutet Stillstand immer einen Rückschritt. Sein Gegenspieler im Vorstand spricht sich dafür aus, nach der stürmischen Aufwärtsentwicklung der letzten Jahre erst einmal das Erreichte zu sichern und nicht durch riskante Schritte zu gefährden. Ein kluger Vorstandsvorsitzender wird sich weder für den Standpunkt des einen noch des anderen Managers entscheiden, sondern versuchen, ihre Vorstellungen miteinander in Einklang zu bringen – denn beide haben Recht. Sie verkörpern das Prinzip von Yin und Yang. Der dynamisch Vorwärtsdrängende steht für Yang, der Abwartende und Sichernde für Yin. Nur ein Unternehmen, in dem beide Vorstellungen ihre Anerkennung und Durchführung erfahren, kann im Wettbewerb bestehen. Wird eine Position zu Lasten der anderen überbetont, wird das Unternehmen über kurz oder lang in Schwierigkeiten geraten.

Die fünf Elemente

Die chinesische Elemente-Theorie stammt aus dem 3. Jahrhundert vor Christus. Der Begriff „Element" ist hier gleichzusetzen mit „Gehweise". Das beschreibt sehr viel deutlicher, daß es dabei um das Studium der Energiebewegungen insgesamt geht und nicht, wie es der Begriff „Element" vermuten läßt, nur um den Teil eines Ganzen.

Die Lebensenergie Ch'i bewegt sich entweder nach oben oder unten, nach innen oder außen oder aber sie rotiert. Verkörperungen dieser fünf Ch'i-Elemente („Gehweisen") sind Holz, Feuer,

DAS BASISWISSEN DES FENG SHUI

Erde, Metall und Wasser. Während diese fünf Elemente für uns sichtbar und fühlbar sind, stehen sie gleichzeitig aber auch für andere Bereiche, die der gleichen Energiebewegung entsprechen. So werden ihnen auch Himmelsrichtungen, Jahreszeiten, Gefühle, Geschmacksrichtungen, Farben und Formen zugeordnet.

Demnach wird in der sichtbaren und unsichtbaren Welt alles von diesen fünf Elementen repräsentiert. Auch jeder Mensch steht – je nachdem, in welchem Zeitabschnitt er geboren wurde – unter dem Einfluß eines bestimmten Elements (siehe S. 65/66). Die wichtigsten Analogien, darunter auch Landschafts- und Gebäudemerkmale, die für Ihre spätere Feng-Shui-Analyse wesentlich sind, finden Sie in der Tabelle auf den Seiten 30-31. Von besonderer Bedeutung für die Feng-Shui-Praxis sind der Schöpfungs- und Kontrollzyklus (auch Zerstörungszyklus genannt), die wir Ihnen nun vorstellen wollen.

Im Schöpfungszyklus (links) nährt Holz das Feuer, Feuer nährt Erde, Erde nährt Metall, Metall nährt Wasser, Wasser nährt Holz.

Im Kontrollzyklus (rechts) kontrolliert Holz Erde, Erde kontrolliert Wasser, Wasser kontrolliert Feuer, Feuer kontrolliert Metall, und Metall kontrolliert Holz.

Der Schöpfungs- und Kontrollzyklus. Alle Elemente bedingen einander und lösen sich in Wandlungsphasen zyklisch ab. Befinden sich alle Elemente im Gleichgewicht, dann nährt ein Element das andere. Diesen Zyklus nennen wir den Schöpfungszyklus.

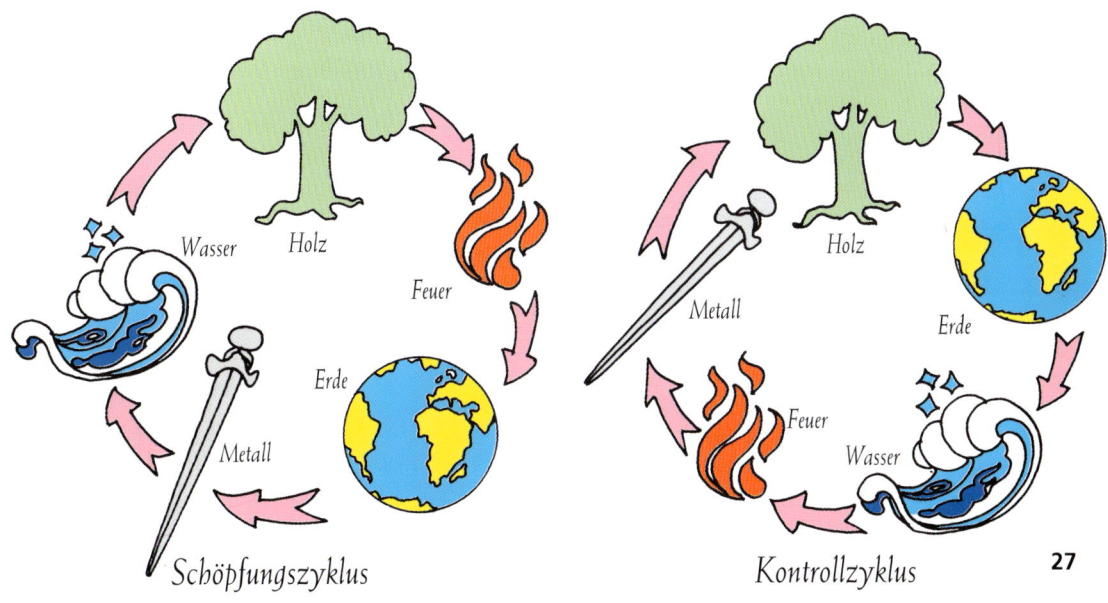

Schöpfungszyklus — *Kontrollzyklus*

Ist ein Element stärker als alle übrigen, dann zieht dies ein Ungleichgewicht aller Elemente nach sich: Die energetische Balance ist gestört. Um diese Disharmonie auszugleichen, setzt der Zerstörungszyklus ein. Er beschreibt die kontrollierende Beziehung der Elemente zueinander.

Die Elemente und ihre Beziehungen

Elemente	Schöpfungszyklus	Kontrollzyklus
Holz	• wird genährt von Wasser (als Wachstumselement) • nährt das Feuer (durch Verbrennen)	• kontrolliert die Erde (durch Nährstoffentzug) • wird zerstört von Metall (durch Zersägen, Zerhacken)
Feuer	• wird genährt von Holz (durch Verbrennen) • und nährt die Erde (durch Asche)	• kontrolliert Metall (durch Schmelzen) • wird kontrolliert von Wasser (durch Löschen)
Erde	• wird genährt von Feuer (durch Asche) • nährt Metall (durch Hervorbringen)	• kontrolliert das Wasser (durch Aufsaugen) • wird kontrolliert von Holz (durch Nährstoffentzug)
Metall	• wird genährt von Erde (durch Hervorbringen) • nährt Wasser (durch Verflüssigen)	• kontrolliert Holz (durch Axt, Säge) • wird kontrolliert von Feuer (durch Schmelzen)
Wasser	• wird genährt von Metall (durch Verflüssigen) • nährt Holz als Wachstumselement	• kontrolliert Feuer (durch Löschen) • wird kontrolliert von Erde (durch Aufsaugen)

Welche Elemente passen zueinander. Mit dem Wissen um die Eigenschaften und Beziehungen der Elemente zueinander, können wir nun ganz bewußt die auf uns wirkenden Einflüsse (Umgebung, Einrichtung, persönliche Beziehungen) erkennen und eventuelle Disharmonien ausgleichen. Die entstehen nämlich immer dann, wenn sich Elemente gegenüberstehen, die im Kontrollzyklus aufeinanderfolgen. Indem das vermittelnde Element (es steht im Schöpfungszyklus zwischen den beiden Elementen) eingebracht wird, kann die energetische Balance wiederhergestellt werden.

Nicht nur persönliche Beziehungen werden durch die Kombination der Elemente beeinflußt. Durch die ihnen zugeordneten Farben und Materialien können Sie einem Raum ein ganz bestimmtes Energiepotential verleihen.

Günstige und ungünstige Kombinationen der Elemente

1. Element	2. Element	Beziehung zueinander	ausgleichendes Element	Farbe
Holz	Holz	harmonisch	–	grün
Holz	Feuer	harmonisch	–	grün/rot
Holz	Erde	unharmonisch	Feuer	rot
Holz	Metall	unharmonisch	Wasser	blau
Holz	Wasser	harmonisch	–	grün/blau
Feuer	Feuer	harmonisch	–	rot
Feuer	Erde	harmonisch	–	rot/gelb
Feuer	Metall	unharmonisch	Erde	gelb
Feuer	Wasser	unharmonisch	Holz	grün
Erde	Erde	harmonisch	–	gelb
Erde	Metall	harmonisch	–	gelb/weiß
Erde	Wasser	unharmonisch	Metall	grau
Metall	Metall	harmonisch	–	weiß
Metall	Wasser	harmonisch	–	weiß/blau
Wasser	Wasser	harmonisch	–	blau

DAS BASISWISSEN DES FENG SHUI

Jedes der fünf Elemente korrespondiert mit einer Jahreszeit und einer Himmelsrichtung: Holz mit Frühling und Osten, Feuer mit Sommer und Süden.

Die fünf Elemente

Element	Holz	Feuer
Jahreszeiten	Frühling	Sommer
Himmelsrichtungen	Osten	Süden
Energiebewegungen	nach außen, oben	nach oben schießend
Farben	Grün	Rot
Formen	hoch, aufrecht, zylindrisch	spitz, dreieckig
Umgebung	Wälder, hohe Berge	spitze Berggipfel
Gebäudemerkmale	Hochhäuser, Türme, Fabrikschornsteine, Säulenkonstruktionen	Spitzdächer, (Kirch-) Türme
Materialien	Holz, Korbwaren, Bambus, Kork	Kunstleder, Plastik
Muster	vertikale Streifen	Dreiecke, Zackenlinien
Möbel	Holz, Rattan- und säulenförmige Möbel	Dreieckstische, Kunststoffmöbel
Pflanzenwuchsformen	hochwachsend, Hochstämme, Bonsai	blühende Pflanzen, spitzblättrige Pflanzen

DAS BASISWISSEN DES FENG SHUI

Die Chinesen kennen eine fünfte Jahreszeit, den Spätsommer, der dem Element Erde zugeordnet wird. Metall steht mit dem Herbst und dem Westen in Beziehung, Wasser mit dem Winter und dem Norden.

und ihre Zuordnungen

Erde	Metall	Wasser
Spätsommer	Herbst	Winter
Mitte	Westen	Norden
horizontal um die Achse	nach innen	nach unten
Gelb, Braun, Beige	Weiß, Silber, Grau, Gold	Blau, Schwarz
flach, quadratisch, rechteckig	rund, oval, kuppelförmig	unregelmäßig, wellenförmig
Plateaus, flache Hügel	hügelige Landschaften	Meer, Seen, Bäche, Kanäle
Flachdächer, ausgeprägte horizontale Linien	Kuppelbauten, gewölbte Formen, Bogenkonstruktionen	unregelmäßige Bauformen, Gebäude mit viel Glas
Terrakotta, Keramik, Porzellan	Gold, Silber, Kupfer, Messing, Eisen	Glas
marmoriert, waagerechte Streifen	Punkte, Bögen, Halbkreise	Wellenlinien, uneinheitliche Muster
niedrige Bänke, Truhen, Schränke	Stahlschränke, Metallregale, Metalltische	Vitrinen, Glastische
nach unten hängend	rundblättrige Pflanzen, kugelförmig geschnittene Pflanzen	unregelmäßige, wellige Wuchsformen

31

FENG-SHUI-PRAXIS
Ein Fall von Dominanz

Claudia K. ist in einer Werbeagentur angestellt und teilt sich das Büro mit einer erst vor kurzem eingestellten Mitarbeiterin. Zur Zeit fühlt sie sich vollkommen blockiert, und seit sie mit der neuen Kollegin gemeinsam am selben Projekt arbeitet, scheint alles schiefzugehen. Claudia hat das Gefühl, daß die Neue alles an sich reißt und sie kaum Gelegenheit bekommt, ihre Ideen beizusteuern. Offenkundig liegt die Ursache ihrer Schwierigkeiten im zwischenmenschlichen Bereich. Für die Feng-Shui-Analyse ist es wichtig, das jeweils bestimmende Element der beiden Kolleginnen herauszufinden. Die Feng-Shui-Geburtszahlen ergaben, daß Claudia K. dem Element Feuer, die Kollegin dem Element Wasser angehört. Aus dem Kontrollzyklus der Elemente erfahren wir, daß das Feuer durch Wasser kontrolliert, d.h. „gelöscht" wird. Das innere Feuer von Claudia K. brennt auf Sparflamme, ihr fehlen die zündenden Ideen. Sie muß also ihr Element stärken. Der Schöpfungszyklus sagt aus, daß Holz das Feuer nährt. Sie wählt eine Schreibtischunterlage aus Kork und verstärkt den Bereich „Ruhm und Anerkennung" durch eine rote Begonie. Jetzt funktioniert es in der Zusammenarbeit hervorragend.

Das I-Ging und seine Trigramme

Die Fünf-Elemente-Theorie ist ein sehr sinnfälliges Beispiel für die zyklische Veränderung des Ch'i. Die Trigramme, auf die wir nun zu sprechen kommen, beschreiben ebenfalls Wandlungsphasen der Energie, allerdings auf mehr abstrakte Weise.

Da sich alle Erscheinungen der sichtbaren und unsichtbaren Welt zwischen den Polen Yin und Yang bewegen, lassen sich auch

Veränderungen auf diese beiden Polaritäten zurückführen. Das klingt zunächst sehr theoretisch, schaut man aber genauer hin, dann erkennt man, daß es sowohl in der Natur als auch in der Technik tatsächlich die beiden Spannungsfelder Plus (Yang) und Minus (Yin) sind, die selbst komplizierteste Abläufe möglich machen. Die aufwendigsten Computerprogramme basieren letztendlich auf Plus- und Minus-Impulsen. Im Spannungsfeld zwischen den beiden Polen verbirgt sich eine unglaubliche Vielfalt, die – um bei unserem Beispiel zu bleiben – komfortable Softwareprogramme möglich macht.

Eine durchgezogene Linie steht für Yang, eine unterbrochene für Yin.

Folgen wir diesem Gedanken, so läßt sich das gesamte Universum in verschiedenen Wandlungsphasen von Yin und Yang darstellen. Und das ist Grundthema des I-Ging, des „Buchs der Wandlungen". Kern dieses Werkes sind die acht Trigramme, die die immerwährende Veränderung der Energie beschreiben.

Grundbausteine des I-Ging sind zwei Linien: eine durchgezogene für Yang und eine unterbrochene für Yin. Diese Linien werden nun kombiniert; aus jeweils drei Linien setzt sich ein Zeichen, ein Tri-

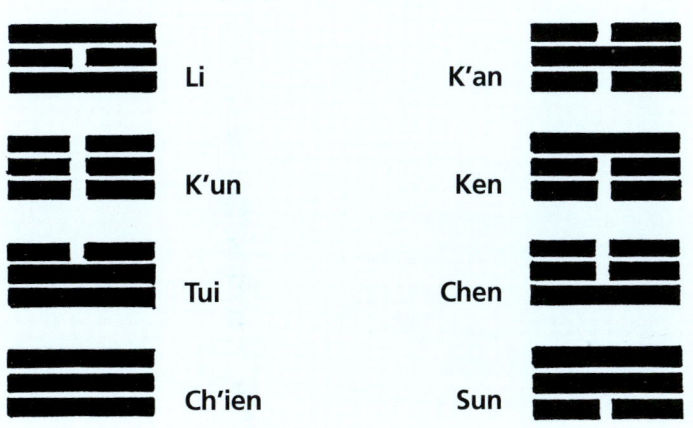

Die Trigramme stellen durch die Kombinationen ihrer Linien die verschiedenen Wandlungsphasen der Energie dar.

gramm, zusammen. Die Eigenschaften des Ch'i lassen sich nun anhand der Zusammensetzung der jeweiligen Linien des Trigramms bestimmen. Daraus ergibt sich, daß Ch'ien für das stärkste Yang steht, da es aus drei ungebrochenen Linien besteht. K'un dagegen symbolisiert die Yin-Energie. Alle anderen Zeichen stellen die Wandlungsphasen zwischen diesen Polaritäten dar und bewegen sich energetisch zwischen Ch'ien und K'un, also zwischen Yang und Yin.

Jedes der acht Trigramme steht also für jeweils eine Wandlungsphase der Lebensenergie Ch'i mit den sich daraus ergebenden Eigenschaften. Deshalb hat jedes der acht Trigramme eine spezielle Charakteristik, auf die wir nun kurz eingehen wollen.

 **Li: „Die Hitze"**. Das Trigramm Li ist dem Süden und damit dem Element Feuer zugeordnet. Unter dem Einfluß seiner Hitze kommt es zu irreversiblen Veränderungen von Stoffen. Wesentlich für Li ist jedoch in erster Linie die unwiederbringliche Verwandlung, auch wenn sie nicht durch Hitze entstanden ist.

 **K'un: „Das Empfangende"**. Die Richtung dieses Trigramms ist der Südwesten. Es steht für die Erde als aufnehmendes Element und beschreibt – im Gegensatz zum Trigramm Ch'ien, das durch den Himmel (Yang) symbolisiert wird – die stärkste Ausprägung der Yin-Energie. Da dieses Trigramm von drei Yin-Linien gebildet wird, bietet es bei allen Frauenfragen besonderen Schutz. So ist zum Beispiel eine Mütterberatungsstelle in südwestlicher Richtung gut plaziert.

 **Tui: „Das Heitere"**. Das Trigramm steht für den Westen. Der Westen beschreibt den ausklingenden Tag. Am Abend hat man Zeit, sich den Künsten zu widmen und den Feierabend zu genießen. Doch auch das Lernen steht hier unter einem guten Stern. Analog dazu empfiehlt es sich, Seminarzentren oder Schulungsräume von Firmen westwärts auszurichten.

 **Ch'ien: „Das Schöpferische"**. Das Ch'ien-Trigramm setzt sich aus drei durchgezogenen Yang-Linien zusammen. Es steht damit für

die aktive, gestalterische Kraft, die Quelle, aus der alle Veränderungen erwachsen können. Allgemein liegt ein günstiger Bereich für Führungskräfte, den Vorstand einer Firma im Nordwesten. Aber auch eine Werbeabteilung wird hier unter dem Einfluß der Ch'ien-Energie stets kreative Ideen entwickeln können.

K'an: „Das Abgründige". Dieses Trigramm ist dem Norden zugeordnet und entspricht dem Element Wasser. Wasser hat die Eigenschaft, Dinge versinken zu lassen. Deshalb nennt man es auch „das Abgründige". Es wird oft mit Mühen und schwerer Arbeit in Verbindung gebracht. Doch es kommt darauf an, wie wir uns in diesem Element bewegen. Schwimmen wir gegen den Strom, haben wir ständig zu kämpfen, liegen wir untätig im Wasser, versinken wir. Doch schwimmen wir mit der Strömung, geht alles ganz leicht. Deshalb verbindet sich mit dem Trigramm K'an eine drehende Veränderung. Das Bild eines Raddampfers, einer Wassermühle oder eines Schwimmers mag uns dabei helfen, uns diese Zuordnung einzuprägen.

Ken: „Der Berg". Die Richtung dieses Trigramms ist der Nordosten. Aus der Bezeichnung „Der Berg" geht schon hervor, daß es sich bei Ken um eine Energie des Stillstands handelt. Das Trigramm beschreibt die Zeit des Wartens und der Einsamkeit. Je nachdem, aus welchem Blickwinkel man den Berg betrachtet, kann er ein Hindernis sein, aber auch Schutz vor äußeren, unerwünschten Einflüssen bieten. Im Geschäftsbereich sind hier Tresore oder geheime Papiere gut aufgehoben, da Ken ein Hindernis für Einbrecher und Unbefugte darstellt.

Chen: „Der Donner". Chen ist das Trigramm der Bewegung, seine Richtung der Osten. Symbolisch zugeordnet werden ihm der Drachen und der Donner. Bei der Chen-Energie handelt es sich immer um eine lineare Bewegung, wie sie etwa von Straßen oder aufstrebenden Bäumen symbolisiert wird. Chen bringt etwas in Bewegung und steht damit für Entscheidungen nach Zeiten der Stagnation und des Zweifels.

 **Sun: „Das Sanfte"**. Dieses Trigramm beschreibt die Energie, die Dinge in eine andere Form bringt. Sinnlich erfahrbar wird der Charakter von Sun am Beispiel des Wassers, das wir als ruhigen Bach, sprudelnde Quelle oder reißenden Wasserfall wahrnehmen können. Im Winter verändert es seine Eigenschaften und wird zu Eis; immer aber bleibt es Wasser. Übertragen wir dieses Veränderungsprinzip auf das Berufsleben, so können wir unter diesem Trigramm alle Berufe einordnen, die eine Formveränderung bewirken. Auch das Zusammensetzen von Einzelteilen zu einem neuen Ganzen wird von Sun unterstützt. Als Beispiel kann hier ein Schreiner dienen, der unter dem Einfluß dieses Trigramms besonders viel Unterstützung bei der Gestaltung seiner Möbel erhält.

Die Eigenschaften der Trigramme können auf jeden Lebensbereich übertragen werden, natürlich auch auf die Arbeitswelt. Wollen Sie in Ihrem Betrieb verschiedenen Tätigkeitsbereichen die günstigsten Räume zuweisen, so können die Trigramme eine Orientierung sein. In der Feng-Shui-Praxis versuchen wir, die Veränderungen der Arbeitstätigkeiten mit Hilfe der Trigramme energetisch in Einklang zu bringen. Harmoniert der Charakter der Arbeit mit der Energie des entsprechenden Trigramms, so wird die Arbeit schneller von der Hand gehen, das Unternehmen blühen.

Doch wo wirken nun die Trigramme? Hier hilft uns ein markantes Bezugssystem, an dem wir uns bei der Feng-Shui-Analyse orientieren können, und auf das wir im folgenden näher eingehen werden.

Die Himmelsrichtungen

Die vier Haupthimmelsrichtungen Norden, Osten, Süden und Westen sowie die – wie die Chinesen sagen – „vier Ecken" Nordwesten und Nordosten, Südwesten und Südosten werden jeweils einem Trigramm zugeordnet. Dadurch bekommen die Himmelsrichtungen nun auch symbolische Bedeutung, die natürlich mit den Eigenschaften des entsprechenden Trigramms in Zusammenhang steht. Welche Himmelsrichtung mit welchen Trigramm verknüpft ist, können Sie anhand der Grafiken erkennen.

Die vorhimmlische Reihenfolge. Diese Anordnung der Trigramme findet man auf Talismanen oder Spiegeln, die den Besitzer vor schädlichen Einflüssen schützen sollen. Sie verkörpert das ideale Universum, aber ebenso das Jenseits und wird daher auch für die Planung und Anlage von Friedhöfen verwendet.

Ein wichtiger Hinweis: In der Feng-Shui-Praxis wird auf Karten und Zeichnungen der Süden – entgegen unserer Gewohnheit – nach oben weisend dargestellt. Diese klassische, überlieferte Darstellungsweise, die auch wir im vorliegenden Buch übernehmen, hat jedoch keinen Einfluß auf die Arbeit mit dem Kompaß, denn der Norden bleibt Norden, egal wie man ihn wendet.

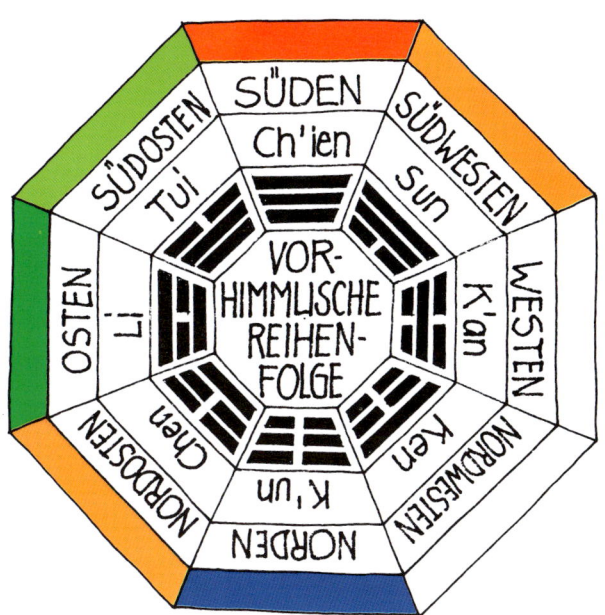

Die nachhimmlische Reihenfolge. Sie steht für das Diesseits und wird für das Leben auf der Erde herangezogen. Sie ist deshalb für die Analyse von Wohn- und Arbeitsstätten ausschlaggebend. Man beachte, daß hier die beiden Gegensatzpaare Ch'ien und K'un im Nordwesten bzw. im Südwesten liegen.

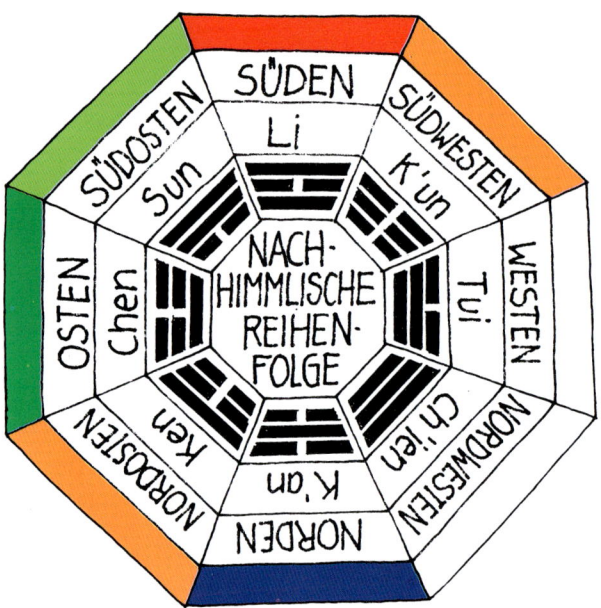

Bitte beachten Sie, daß die Basis der Trigramme (untere Linie) jeweils im Kreisinneren liegt.

Die Himmelsrichtungen geben uns in der Feng-Shui-Praxis Hinweise darauf, welche Energie durch die Haupteingangstür eines Betriebes in das Unternehmen strömt, denn jede Himmelsrichtung hat ihre ganz speziellen Eigenschaften.

Die Himmelsrichtungen sind auch für Sie ganz persönlich von Bedeutung. Anhand Ihrer Geburtszahl (siehe S. 65/66) können Sie jene Himmelsrichtung herausfinden, die Ihnen besonders viel Glück bringt. Um aber zu erfahren, welcher Richtung und damit auch welchem Element Sie angehören, brauchen wir das magische Quadrat Lo Shu.

Das Lo Shu - das magische Quadrat

Das magischen Quadrat Lo Shu ist die Basis für die Feng-Shui-Analyse anhand der persönlichen Horoskopzahl. Es symbolisiert auf eindrucksvolle Weise die Harmonie im Reich der Zahlen. Das Lo Shu ist ein Quadrat, das in neun Felder unterteilt ist und im Feng Shui deshalb auch „Neunerregel" genannt wird. Jedem der Felder ist eine bestimmte Grundzahl von 1 bis 9 zugeordnet. Die Zuordnung dieser Zahlenwerte ist keineswegs zufällig gewählt, sondern folgt den Harmoniegesetzen. Sie sind nämlich so angeordnet, daß die Addition von drei nebeneinanderliegenden Zahlen in jeder beliebigen Richtung (vertikal, horizontal und diagonal) jeweils 15 ergibt. Die Legende erzählt, daß knapp 4000 Jahre vor Christi Geburt der chinesische Kaiser Fu Hsi, ein Wissenschaftler und weiser Philosoph, am Fluß Lo meditierte. Plötzlich schwamm vor seinem inneren Auge eine Schildkröte ans Ufer. Als das Tier die Böschung erklomm, erkannte Fu Hsi auf dem Panzer ein Quadrat, in dem die Zahlen 1 bis 9 so angeordnet waren, daß sie immer die Zahl 15 ergaben.

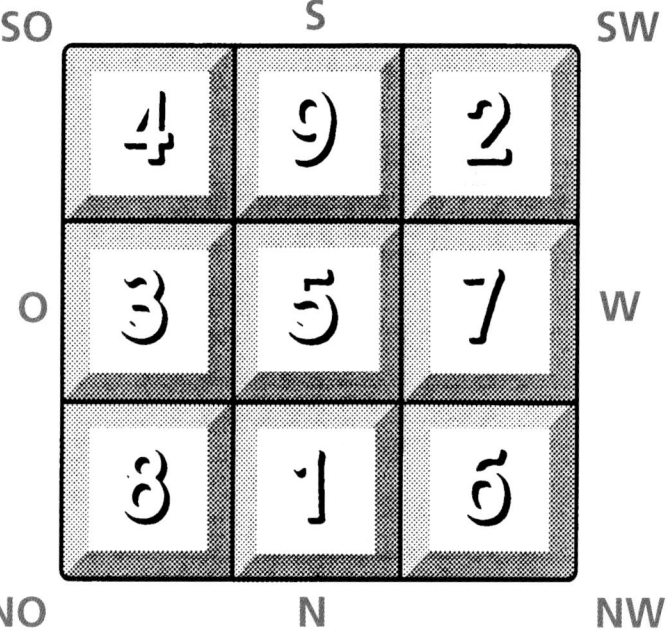

Das magische Quadrat Lo Shu. Die Addition von jeweils drei nebeneinander liegenden Zahlen in horizontaler, vertikaler oder diagonaler Richtung ergibt stets die Zahl 15.

Betrachtet man sich dieses Quadrat nun genauer, so ist zu erkennen, daß jede Zahl, außer der 5 in der Mitte, in eine bestimmte Himmelsrichtung zeigt. So steht die 9 für den Süden, die 1 für den Norden, die 7 für den Westen usw. Die Verknüpfung der Zahlen mit den Himmelsrichtungen und dadurch mit den Trigrammen, Elementen und Farben, macht es möglich, ganz individuelle Aussagen über günstige und ungünstige Arbeitsräume und deren Harmonisierung zu treffen. Dabei entsprechen die Zahlen im magischen Quadrat den Geburtszahlen (siehe hierzu auch S. 65/66). Haben Sie zum Beispiel die Geburtszahl 1, so ist der Norden Ihre Himmelsrichtung und das Wasser Ihr Element.

Die Zahl 5 ist ein Sonderfall, denn da sie sich in der Mitte des Lo Shu befindet, ist ihr keine Himmelsrichtung direkt zugeordnet. Der Geburtszahl 5 entspricht deshalb bei Frauen der Südwesten, also der 2, bei Männern der Nordosten mit der Zahl 8.

Das Bagua

Wie können wir nun einen Arbeitsraum optimal für uns nutzen? Hier hilft uns das Bagua weiter. Es stellt eine Beziehung zwischen der Raumform und der darin wirkenden Energie her. Das Bagua ist in neun Bereiche unterteilt, von denen jeder einen Lebenswunsch, in unserem Fall ein Arbeitsziel, symbolisiert. Dahinter verbirgt sich das Erfahrungswissen: Jeder umschlossene Raum gleicht einem Körper mit seinen Organen. Jedes dieser Organe hat seine eigene Funktion, damit der Gesamtorganismus harmonisch existieren kann. Jedes „Bagua-Organ" (jeder Bereich des Bagua) stellt demnach eine bestimmte Energiequalität des Ch'i dar, die uns bei dem entsprechenden Lebens- bzw. Arbeitswunsch unterstützt.

Auf diese Weise werden über das Bagua Grundrisse von Firmengebäuden, einzelnen Geschäftsetagen und- räumen, aber auch kleinere Arbeitsbereiche wie zum Beispiel der Schreibtisch untersucht. Die Erfahrung lehrt, daß ein unregelmäßiger Grundriß zu

DAS BASISWISSEN DES FENG SHUI

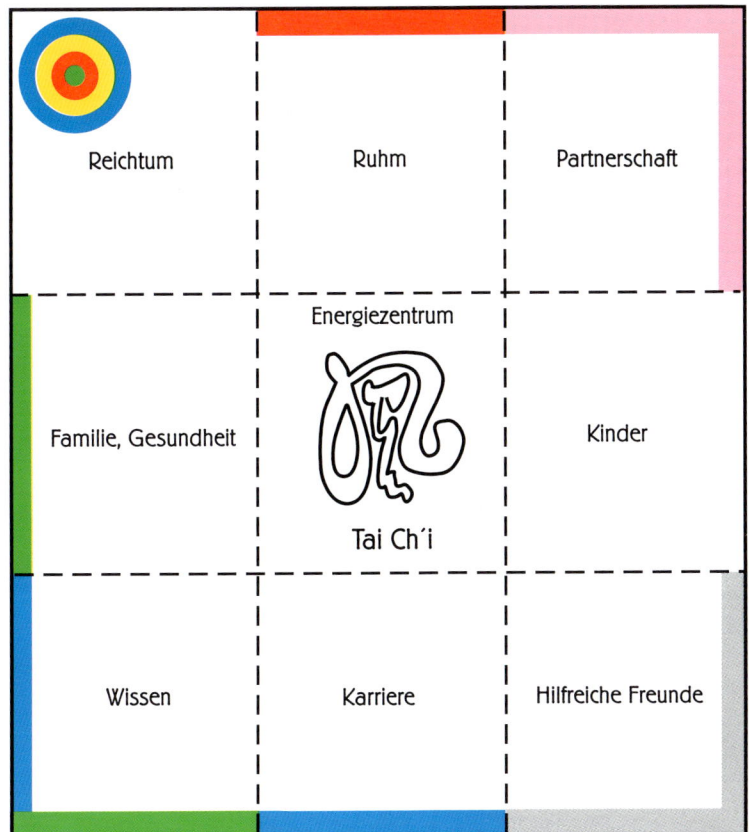

Die acht Lebensziele im Bagua für Einzelräume und Gesamtgrundrisse. Durch sie werden die unterschiedlichen Bereiche eines Büros, Geschäftes, einer Praxis oder eines Restaurants repräsentiert. In der Realität wird sich allerdings selten ein quadratischer Grundriß ergeben. Wie Sie dennoch Ihre räumliche Umgebung mit Hilfe des Baguas analysieren können, erläutern wir Ihnen ab S. 68.

Schwierigkeiten im entsprechenden Arbeitsbereich führen kann. Wir wollen Ihnen nun die neun Bereiche des Bagua und ihre Eigenschaften für Beruf und Karriere näherbringen. Wir beginnen im Karrierebereich und gehen im Uhrzeigersinn vor:

Karriere. Versuchen Sie in diesem Abschnitt – wie auch in allen übrigen – einen symbolischen Zusammenhang zwischen Ihrer Persönlichkeit, Ihrem Beruf und dem angestrebten Erfolg zu schaffen. Ein Manager eines Stahlwerks aus dem Ruhrgebiet hat das auf eine für uns beispielhafte Weise getan: Der Sohn eines Dorfschmieds hängte ein schlichtes Hufeisen über die Bürotür. Es sym-

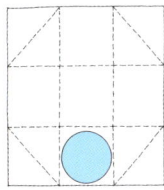

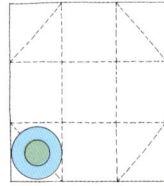

Wissen. In diese Ecke stellen Sie am besten Nachschlagewerke, das Telefonbuch und die Ablage. Gut plaziert ist hier ebenfalls ein Computer. Nehmen Sie an einer Fortbildung teil oder stehen Sie vor einer Prüfung, so ist dieser Sektor für Sie besonders wichtig. Auf Berufe, bei denen die Vermittlung von Wissen im Vordergrund steht, wirkt dieser Bereich in hohem Maße anregend.

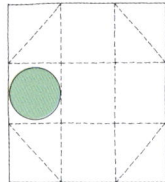

Gesundheit/Familie. Hier steht der Mensch im Mittelpunkt. Denken wir daran: Nur wer gesund ist, kann auch gut arbeiten. Hier könnten also das Mineralwasser und eine Schale mit Obst stehen. Berufe, die im Gesundheitswesen angesiedelt sind, werden in diesem Bereich ganz besonders aktiviert.

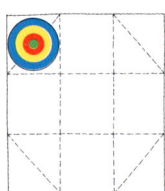

Reichtum. Die Ecke des Geldes und des Reichtums beleben wir optimal mit einem kleinen Springbrunnen, Bildern, die einen Wasserfall darstellen oder auch mit einem Foto vom Urlaub am Meer. In Geschäften wäre dies der ideale Platz für die Kasse; auf Ihrem Schreibtisch könnte an dieser Stelle eine Schale mit Glückspfennigen stehen.

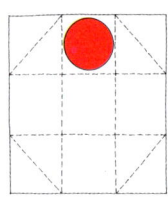

Ruhm und Anerkennung. Was nutzt aller Fleiß, wenn er nicht be- oder anerkannt wird? Daran sollten wir denken, wenn wir überlegen, wie wir die Wand des Ruhmes für uns nutzen können. Ein roter Farbakzent hilft uns weiter. Hier wäre zum Beispiel eine rote Seidenblume passend, aber auch eine Lampe mit rotem Schirm oder ein Bild, in dem diese Farbe dominiert, bereichern diesen Bagua-Sektor.

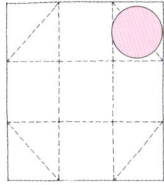

(Geschäfts-)Beziehungen/Partnerschaft. In beruflicher Hinsicht steht diese Ecke natürlich für Geschäftsbeziehungen. Richtig liegen Sie, wenn Sie hier die Korrespondenz verwahren oder die Adressen von Geschäftspartnern, keinesfalls aber belastende Unterlagen wie zum Beispiel Briefwechsel zu Rechtsstreitigkeiten.

Kinder, Projekte, Ziele. Der Kinder-Bereich steht im Geschäftsleben für neue Projekte, die wachsen sollen. Alles, was noch entwickelt wird, also in den Kinderschuhen steckt, hat hier seinen Platz. Wissenschaftler und Künstler werden ebenso von dieser Energie gestärkt, wie der Ausbilder, der diesen Bereich aktiviert, um seine Lehrlinge voranzubringen.

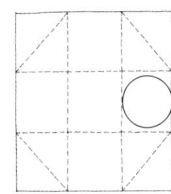

Hilfreiche Freunde/Mentoren. Sie werden im Betrieb kaum Freunde gewinnen, wenn Sie hier etwa das Foto Ihres Vorgesetzen aufhängen. Gehen Sie etwas subtiler vor. Einer Bürofachfrau rieten wir, in dieser Ecke ein kleines Buch mit Visitenkarten von ihr wohlgesonnenen Vorgesetzten und guten Kollegen aus anderen Unternehmen zu verwahren. Und: Wer gerade in Rechtsstreitigkeiten verwickelt ist, kann hier die Akten mit den Unterlagen aufbewahren, damit der Fall endlich gelöst wird. Unterstützt werden durch die Energie dieses Bereiches auch Vertreter und andere Personen, die beruflich viel unterwegs sind.

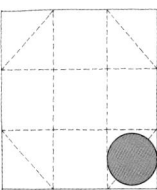

Tai Chi. Das ist der Mittelpunkt des Raumes, die Quelle des Ch'i. Wenn dieser Bereich gut aktiviert ist, kann das auch Mängel am Arbeitsplatz (zum Beispiel Fehlbereiche, siehe S. 70) wettmachen, da sich hier sämtliche Energiequalitäten der einzelnen Bagua-Zonen zusammenfinden. Günstig ist in jedem Fall, neben einer guten Beleuchtung, fließendes Wasser (Bild mit Wassermotiv, Springbrunnen, Aquarium usw.). Befinden sich an dieser Stelle Treppen, muß der Energiestrom gebremst werden (siehe hierzu auch S. 46 f.), damit sich das Ch'i wieder sanft schlängelnd bewegen kann.

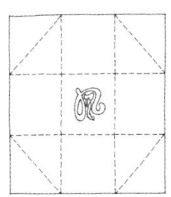

Wie Sie das Bagua in der Praxis zur Analyse des Energieniveaus Ihres Arbeitsplatzes verwenden, werden wir Ihnen im Kapitel „Wegweiser in die Feng-Shui-Praxis" erläutern (S. 59 ff.).

Die Hilfsmittel des Feng Shui

Im Abschnitt über das Ch'i und das Sha haben wir erfahren, daß die Art der Energiebewegung positiv oder negativ auf uns wirken kann. Nun möchten wir Ihnen anhand einiger praktischer Beispiele zeigen, wie sich die architektonische Gestaltung von Räumen auf den Energiefluß auswirkt.

Erinnern wir uns: Ch'i verströmt sich natürlicherweise sanft wellenförmig im Raum. Doch diesen Idealzustand finden wir im täglichen Leben selten. Scharfe Kanten von Wänden, Möbeln, Dächern oder tote Ecken verändern den Fluß des Ch'i und werden damit zu Sha-Quellen, die ungünstig auf uns wirken. Wollen wir diese Sha-Einflüsse näher klassifizieren, können wir Sie zunächst einmal auf Yin und Yang reduzieren.

*Abb. links:
Der Schreibtisch ist wohl der Platz, an dem die meisten Berufstätigen ihren Arbeitsalltag verbringen. Aber der Schreibtisch ist mehr als eine Arbeitsfläche auf vier Beinen. Seine Form und Stellung im Raum können mitbestimmend sein für den beruflichen Erfolg – und das gilt auch für den Arbeitsplatz im heimischen Wohnzimmer (Näheres hierzu ab S. 99).*

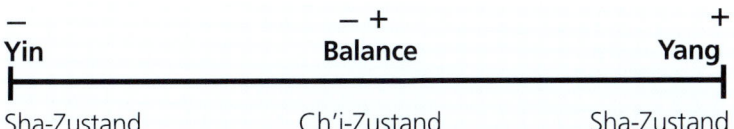

–	– +	+
Yin	**Balance**	**Yang**
Sha-Zustand	Ch'i-Zustand	Sha-Zustand

Das obenstehende Schaubild verdeutlicht, daß Ch'i und Sha im Grunde derselben Urenergie entstammen. Sie unterscheiden sich lediglich durch ihre Qualität, das heißt: Es ergibt sich entweder ein Zuviel oder ein Zuwenig an Energie. Dem „Zuviel" ordnen wir die Sha-Energie zu, die zu schnell, zu gerade, zu schroff auf uns einwirkt, und natürlich gehören auch die „versteckten Pfeile" hierher. Der Zustand „Zuwenig" steht für Mangel, Energieverlust und Stagnation.

Feng-Shui-Hilfsmittel unterstützen uns nun dabei, Sha-Einflüsse auf folgende Weise zu regulieren:
- Sie bremsen zu schnelles, starkes, geradliniges und schroffes Ch'i ab (bei scharfen Ecken und Kanten, „Energieautobahnen" durch lange Flure, einander gegenüberliegende Fenster und Türen) und bringen es wieder in den natürlichen Fluß zurück.
- Sie wirken als Energiemagneten und beleben Bereiche, die gar nicht oder mangelhaft mit Ch'i versorgt werden, oder halten Energie, die uns sonst verlorengehen würde.

Die Bewegung des Ch'i in Räumen

Wesentlich für das Energieniveau an Ihrem Arbeitsplatz sind natürlich Türen und Fenster, da über sie hauptsächlich das Ch'i einströmt. Konkret bedeutet das, daß der Grundriß eines Büros, besonders aber die Anordnung der Türen und Fenster und die Plazierung der Möbel, einen starken Einfluß auf die Qualität und Bewegung des Ch'i haben.

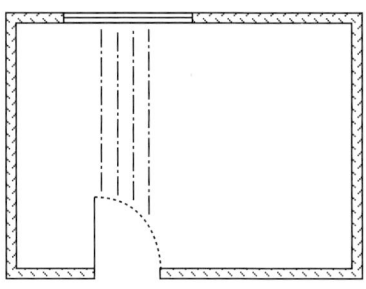

Liegt ein Fenster direkt gegenüber der Tür, so entsteht eine „Energieautobahn". Das gleiche gilt für Fenster und Türen, die einander unmittelbar gegenüberliegen.

Lenken Sie diese geradlinige Energie ab zum Beispiel durch einen diagonal gelegten Läufer oder große Pflanzen. Stellen Sie auf die Fensterbank mehrere kleine Pflanzen und schließen so das Fenster symbolisch.

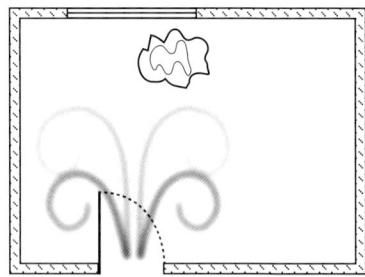

DIE HILFSMITTEL DES FENG SHUI

Blumen und Kübelpflanzen

*Abb. S. 47:
Blühende Pflanzen und Schnittblumen sind ein dekoratives und zugleich wirksames Hilfsmittel im Feng Shui. Beachten Sie aber, daß Sie Verwelktes sofort entfernen. Es steht für Verfall, Krankheit und Tod und würde kein gesundes Ch'i anziehen.*

Natürlich schöne Ch'i-Träger sind Blumen und Grünpflanzen. Bei blühenden Pflanzen oder Schnittblumen können Sie über die Farbwahl auch Ihr persönliches Element oder das Ihre Arbeit repräsentierende unterstützen.

Durch die gezielte Wahl von Farben lassen sich Räume anregend oder beruhigend gestalten. Das gilt auch für die Farbe blühender Pflanzen. So stehen Sonnenblumen für die starke Yang-Kraft der Sonne; sie vermögen einen Raum aufzuladen. Ein Strauß blauer, zarter Blumen dagegen wirkt beruhigend und ist zum Beispiel für Arztpraxen und Kosmetikinstitute besonders gut geeignet.

In Singapur werden ganze Straßen mit Pflanzen geschmückt. Sie sollen die schädlichen Auswirkungen der Straßenkanten und des Verkehrs ausgleichen. Natürlich dienen sie auch als Stimmungsmacher zum Einkaufen, und so wurde Singapur zur Gartenstadt Asiens.

Achten Sie auch hier auf die Formen: Breite, runde und volle Blätter laden das Ch'i zum Verweilen ein und bilden große Ruhepotentiale. Topfpflanzen „schließen" ein Fenster, wenn sie auf einem Fensterbrett aufgestellt werden. Damit kann man die „Abwanderung" des Ch'i mindern und zusätzlich weitere Energie anziehen. Verwenden Sie keine stacheligen Kakteen oder Pflanzen mit spitzen Blättern in unmittelbarer Nähe Ihres Arbeitsplatzes.

Seidenblumen. Eine pflegeleichte und dauerhafte Blütenpracht erhalten Sie durch Seidenblumen. Wichtig ist, daß sie möglichst natürlich aussehen und von hochwertiger Qualität sind. Legen Sie also für Ihre Seidenblumen lieber etwas mehr Geld an. Auf diese Weise können auch die Bereiche, an denen natürliche Pflanzen nicht so gut gedeihen, belebt werden. Ungeeignet sind Blumen aus Plastik. Auf Trockenblumen sollten Sie lieber verzichten, da es ja eigentlich „Blütenmumien" sind, die den Tod symbolisieren.

Katma-Essenzen. Diese Hilfsmittel eignen sich nicht nur zur Pflege von Pflanzen, sie fördern auch das innere Feng Shui und unterstützen Sie bei der Belebung von Räumen. So kann die Reichtumsecke mit der Rubin-Essenz, die der Partnerschaft mit Rosenquarz aufgeladen werden.

DIE HILFSMITTEL DES FENG SHUI

Unverzichtbar beim Friseur sind Spiegel. Wollen Sie den Umsatz Ihres Salons oder Ihres Geschäftes steigern, dann bringen Sie auch einen Spiegel neben der Kasse an. Das „verdoppelt" die Kasse und damit auch symbolisch den Umsatz.

Spiegel

Eines der wichtigsten Feng-Shui-Hilfsmittel sind Spiegel. Sie lassen sich nahezu unbegrenzt d.h. überall einsetzen. Ihre Wirkung zeigt sich auf zweierlei Weise:

- Sie lenken Sha-Einflüsse ab, wenn sie direkt gegenüber der Sha-Quelle plaziert werden.
- Sie ziehen Ch'i an und sind deshalb zum Ausgleich von Ch'i-Mangel geeignet. Ebenso ist es durch sie möglich, die Bewegung des Ch'i zu aktivieren und zu lenken. Auch Bagua-Fehlbereiche können ausgeglichen werden. Der Spiegel zieht Energie an und füllt auf diese Weise energetische Leere. Ein durch Wände oder Türen blockierter Energiefluß kann geöffnet werden.

Besondere Spiegel: Im Feng Shui verwendet man auch *konvexe* (nach außen gewölbte) Spiegel. Sie zerstreuen mit ihrer großen Oberfläche die Giftpfeile des Sha. Wollen Sie mit konvexen Spiegeln arbeiten, bringen Sie diese so an, daß sie die Sha-Energie absorbieren können. So würde ein konvexer Spiegel zum Beispiel am Ende eines langen Flures die beschleunigte Energie des Sha aufnehmen, zerstreuen und als verwandeltes Ch'i wieder abgeben. *Konkave* (nach innen gewölbte) Spiegel sammeln Ch'i-Energie und können so Bereiche mit Ch'i-Mangel kompensieren. Fehlende Ecken können auf diese Weise ausgeglichen werden.

> In Hotel- und Krankenzimmern sollten Spiegel immer so angebracht sein, daß der Gast oder Patient sein eigenes Spiegelbild vom Bett aus nicht sehen kann.

Ein ganz besonderes Glückssymbol im Feng Shui sind *Bagua-Spiegel*. Sie sind rund geschnitten und achteckig gerahmt. Ihre Kraft erhalten sie durch die acht Trigramme des I-Ging, die sich auf jeweils einer Seite des Rahmens befinden. Aber auch ein ganz normaler achteckiger Spiegel soll das Glück auf besondere Weise anziehen.

Als Alternative zu Spiegeln können glänzende Praxisschilder, blanke Teller oder runde Schalen aus Silber, Messing oder Kupfer an der Wand befestigt werden. Je nachdem wie man sie plaziert, entstehen entweder konkave oder konvexe Spiegelflächen.

Licht

Achten Sie bei der Gestaltung Ihres Arbeitsplatzes im Interesse der Gesunderhaltung Ihrer Sehkraft vor allem auf ausreichende Beleuchtung und nutzen sie soweit wie möglich das Tageslicht. Licht bedeutet Leben und schenkt Aktivität. Aber auch künstliches Licht wird als Feng-Shui-Hilfsmittel eingesetzt, um den Fluß der Ch'i-Energie zu verbessern.

Vergessen Sie deshalb nicht, auch die Ecken eines Raumes auszuleuchten. Besonders dort kommt es schnell zu einem Energiestau und damit zu Sha-Quellen. Durch den gezielten Einsatz von Licht können Mangelbereiche gestärkt werden. Licht ist immer ein Sammelpunkt und eine Quelle des Ch'i. Besondere Wirkungen lassen sich auch mit farbigem Licht erzielen. So können Sie die Ruhmeswand zum Beispiel mit einem rötlichen Schein aktivieren.

Wo Licht ist, fällt auch Schatten. In einem modernen Büro mit Computer, Drucker, Kopierer, Leuchten aller Art etc. ist es sicher nur schwer möglich, die Sha-Energie, die allgemein von elektrischen Geräten ausgeht, möglichst gering zu halten. Dennoch können Sie einiges reduzieren: Vermeiden Sie Energiesparlampen in unmittelbarer Körpernähe (Mindestabstand 1,50 m). Sie sind zwar ökologisch sinnvoll, senden aber eine hohe Dosis elektromagnetischer Strahlen aus. Das gilt ebenso für Lampen mit Trafos, von denen die Strahlung auch im ausgeschalteten Zustand ausgeht. Eine hohe Strahlenbelastung wird von tragbaren, schnurlosen Telefonen (Handys) verursacht. Benutzen Sie deshalb – wann immer möglich – ein fest installiertes Standtelefon. Besorgen Sie sich für den Bildschirm Ihres Computers einen Schutzschirm.

Bitte achten Sie immer darauf, wie sich der Ch'i-Fluß durch ein eingesetztes Feng-Shui-Hilfsmittel verändert, damit Sie nicht neue Disharmonien provozieren.

Bewegte Objekte

Stagniert an Ihrem Arbeitsplatz das Ch'i, so bieten sich Windspiele, Mobiles und Klangspiele an, die – gut plaziert – das Ch'i in Bewegung bringen. Sie bremsen und zerstreuen außerdem stark beschleunigtes Ch'i („versteckte Pfeile, Energieautobahnen") ab. Ebenso wie Pflanzen sind auch Mobiles, Wind- und Klangspiele dazu geeignet, ein Fenster zu „verschließen", um Ch'i-Verluste zu vermeiden.

Wer keine Möglichkeit hat, bewegte Objekte anzubringen, kann die gleiche Wirkung natürlich auch mit anderen Hilfsmitteln erreichen. So bringt oft auch schon das Umstellen kleinerer Einrichtungsgegenstände sehr viel.

Das eigene Mobile. Gut geeignet sind selbsthergestellte Mobiles, die das persönliche Element (siehe Seite 63 f) unterstützen. Eine

DIE HILFSMITTEL DES FENG SHUI

Kristalllampen sind in besonderem Maße dazu geeignet, kritische Zimmerecken mit genügend Energie zu versorgen. Sie ziehen Ch'i an und strahlen es gleichmäßig an ihre unmittelbare Umgebung ab.

Klangspiele erzeugen harmonische Schwingungen, die Ch'i anziehen. Vor Fenstern aufgehängt, verhindern sie Ch'i-Verlust, der z.B. dann entsteht, wenn Fenster und Tür einander gegenüberliegen.

DIE HILFSMITTEL DES FENG SHUI

Kindergärtnerin zum Beispiel hat sich ein Mobile aus gefärbten Muschelplatten gefertigt. Es enthält die Farben Grün, Rot und Gelb. Sie stehen im Schöpfungszyklus für die Elemente Holz, Feuer und Erde. Da die Kindergärtnerin eine Feuerfrau (Rot) ist, bewegt sie sich zwischen den Elementen Holz (Grün) und Erde (Gelb). Das hilft ihr, ihre Mitte zu bewahren, auch wenn die Kinder mal ganz besonders anstrengend sind. Ebenfalls gut geeignete Materialien sind kleine, hübsch geformte Steine, Tonscheiben u.ä.

Duftlampe und Teddybär werden nach unseren Erfahrungen von vielen intuitiv eingesetzt, ohne zu wissen, daß es sich dabei ebenfalls um Feng-Shui-Hilfsmittel handelt. Beide dienen der Harmonisierung des Energieflusses im Raum.

Die gute alte Türglocke. Kennen Sie auch noch das gute alte Geschäft mit der Glocke, die dem Besitzer des Ladens anzeigt, daß Kundschaft auf ihn wartet? Das ist aber nur der direkte und offenkundige Effekt, denn die Glocke sorgt auch dafür, daß genügend Ch'i angezogen wird und letztlich auch die Kasse klingelt. Wir empfehlen daher allen Ladenbesitzern, die Kunden auf ihr Geschäft aufmerksam machen wollen, eine Eingangstür mit „Wohlklang".

> **FENG-SHUI-PRAXIS**
> *In Bad und WC alles okay?*
>
> Ein Sorgenkind im Feng Shui sind Bäder und Toiletten, weil hier das Wasser verschmutzt und aus dem Haus gespült wird. Dieses Element aber steht für fließende Einnahmen. Der wichtigste Feng-Shui-Tip ist daher, den Toilettendeckel stets wieder zu schließen. Um auch in diesem Bereich die Energie zu halten und zu aktivieren, empfahlen wir einer Klavierlehrerin, ein Steinpotpourri auf die Ablage über dem Waschbecken zu plazieren.

Wasser, der Quell des Lebens

Wasser bewirkt nicht in jedem Fall günstiges Feng Shui. Trübes, unbewegtes Wasser steht für Stagnation und bewirkt das Gegenteil, von dem, was es erreichen soll. Deshalb sollten Sie auch das Wasser in Blumenvasen regelmäßig erneuern.

Wasser ist das Symbol für Fülle und Reichtum. Es zieht reichlich Ch'i an. Eine Aktivierung läßt sich hier zum Beispiel über Bilder mit Wassermotiven, Zimmerspringbrunnen oder kleine Miniteiche erreichen. Besonders wirkungsvoll ist es, wenn Sie die Reichtumsecke oder den Bereich des Tai Ch'i damit gestalten. Poster von Wasserfällen sind hervorragende Ch'i-Träger und können den Geschäftsumsatz und den beruflichen Erfolg verbessern.

Edelsteine und Mineralien

Edelsteine sind ebenfalls hervorragende Feng-Shui-Hilfsmittel. Sie können Ch'i anziehen und verstärken, nehmen aber auch Sha auf und wandeln es um. Um sie wirkungsvoll im Berufsalltag einzusetzen, sind Form und Farbe der Steine entscheidend:

- Beruhigend wirken runde Formen (Kugeln, Eier) und unregelmäßig, sanft geformte Steine. Sie besänftigen den Energiefluß und wandeln starkes, bedrohliches Sha um. Die Farben Grün,

Blau oder Violett unterstützen diesen Prozeß. Besonders in Zahnarzt- und Massagepraxen sowie für zahlreiche Therapieformen, wie etwa die Psycho- und Hypnosetherapie, sind diese Steine geeignete Hilfsmittel.
- Anregend sind spitze Formen, so zum Beispiel auch natürlich gewachsene Kristallspitzen. Sie bündeln das Ch'i und senden es gesammelt wieder in die Umgebung ab. Achten Sie darauf, daß die ausgestrahlte Energie nicht direkt auf Personen gerichtet ist. Wie Sie Kristalle für Ihre Schaufenstergestaltung nutzen können, lesen Sie auf S. 89. Auch rote Steine wirken allgemein aktivierend und können überall dort eingesetzt werden, wo schöpferisch gearbeitet wird, also zum Beispiel in Redaktionen, Werbebüros, aber auch in Rechtsanwaltskanzleien, Galerien und Werkstätten.

Gehen Sie behutsam ans Werk, wenn Sie Ihre Arbeitsumgebung nach den Feng-Shui-Maßen umgestalten wollen. Viel hilft nicht viel. Tasten Sie sich langsam heran. Beginnen Sie mit kleinen Veränderungen und spüren Sie, wie diese auf Sie wirken.

Das I-Ging-Glücksband

Für jede Arbeitsstätte, sei sie in Ihrem Haus oder außerhalb, empfehlen wir Ihnen dieses Band als Glücksbringer. Auf ihm sind alle acht Trigramme, die Grundbausteine des I-Ging, abgebildet und verkörpern so die Energie des gesamten Universums. Da in ihm alles enthalten ist, haben Sie immer die Energie zur Verfügung, die Sie gerade benötigen. Das Glücksband können Sie selbst anfertigen: Malen Sie auf gutes Papier mit einer Feder die I-Ging-Symbole in der vorhimmlischen Reihenfolge. Diesen Papierstreifen können Sie – sichtbar oder unsichtbar – überall befestigen. Ideal wäre er auf dem Türrahmen, denn er wirkt auch dann ausgleichend, wenn die Tür eine für Sie ungünstige Ausrichtung hat.

Die Feng-Shui-Glücksmaße

Zahlen haben für die Chinesen eine besondere, magische Bedeutung. Wir sollten nicht darüber lächeln, denn fürchten nicht viele von uns auch die Zahl 13 als Unglückszahl?

DIE HILFSMITTEL DES FENG SHUI

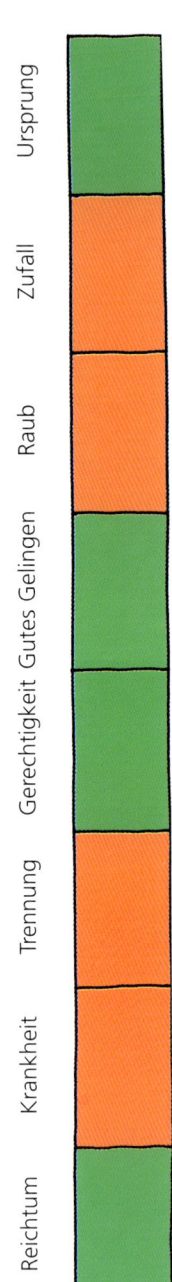

Die harmonische Beziehung der Zahlen und ihre Anordnung im Quadrat Lo Shu haben wir Ihnen bereits vorgestellt (S. 38). Das Feng Shui kennt außerdem noch bestimmte Maße, die entweder Glück und Karriere oder auch Krankheit und Verlust (etwa des Arbeitsplatzes) symbolisieren. Sie können also versuchen, bestimmte Möbel, Einrichtungsgegenstände oder Utensilien auf das rechte Maß zu bringen.

Zu diesem Zweck verwendet man das Feng-Shui-Lineal, das auf dem Feng-Shui-Fuß mit einer Länge von 43 cm basiert. Dieses Längenmaß wird wiederum in acht Abschnitte unterteilt:

Die acht Abschnitte des Feng-Shui-Fußes und ihre Symbolik

ERSTER FUSS

Abschnitt	Maße	Symbolik und Bedeutung
1	0 – 5,4 cm	Reichtum
2	5,5 – 10,7 cm	Krankheit
3	10,8 – 16,1 cm	Trennung
4	16,2 – 21,4 cm	Gerechtigkeit
5	21,5 – 26,8 cm	Gutes Gelingen/Beförderung
6	26,9 – 32,1 cm	Raub/Verlust
7	32,2 – 37,5 cm	Zufall
8	37,6 – 42,9 cm	Ursprung/Einheit

ZWEITER FUSS

Abschnitt	Maße	Symbolik und Bedeutung
1	43,0 – 48,4 cm	Reichtum
2	48,5 – 53,7 cm	Krankheit
3	53,8 – 59,1 cm	Trennung
4	59,2 – 64,4 cm	Gerechtigkeit
5	64,5 – 69,8 cm	Gutes Gelingen/Beförderung
6	69,9 – 75,1 cm	Raub/Verlust
7	75,2 – 80,5 cm	Zufall
8	80,6 – 85,9 cm	Ursprung/Einheit

> **FENG-SHUI-PRAXIS**
> *Glücksmaße richtig eingesetzt*
>
> In Restaurants bieten sich die Glücksmaße zum Beispiel für die Gestaltung der Speisekarten an, natürlich auch für Platzdeckchen, Tischdecken und Servietten. Eine Physiotherapeutin nähte für Ihre Patienten Handtücher mit den Maßen 110 x 190 cm, die für „Gutes Gelingen" stehen.
> Falls Ihre Finanzen nicht zum besten stehen, dann versuchen Sie es doch einmal mit Visitenkarten mit den Glücksmaßen 5,4 x 3,4 cm. Diese beiden Maße liegen nämlich im Bereich „Reichtum".

Die Zahlensymbolik verrät ganz schnell, welche Maße für Beruf und Karriere förderlich sind. Als Faustregel kann man sagen: Meiden Sie die negativen Maßwerte und bleiben Sie im „grünen" Bereich.

In der Tabelle auf Seite 56 sehen Sie die ersten beiden Phasen. Diese Reihe kann man endlos fortsetzen, denn alle 43 Zentimeter wiederholt sich ein Zyklus, der immer in dieselben acht Bereiche unterteilt wird.

Günstige Feng-Shui-Maße für Beruf und Karriere

Reichtum	Gerechtigkeit	Gutes Gelingen	Ursprung/Einheit
0 – 5,4 cm	16,2 – 21,4 cm	21,5 – 26,8 cm	37,6 – 42,9 cm
43,0 – 48,5 cm	59,2 – 64,4 cm	64,5 – 69,8 cm	80,6 – 85,9 cm
86,0 – 91,4 cm	102,2 – 107,4 cm	107,5 – 112,8 cm	123,6 – 128,9 cm
129,0 – 134,4 cm	145,2 – 150,4 cm	150,5 – 155,8 cm	166,6 – 171,9 cm
172,0 – 177,4 cm	188,2 – 193,4 cm	193,5 – 198,8 cm	209,6 – 214,9 cm

Wegweiser in die Feng-Shui-Praxis

Unsere Zeit zeichnet sich durch ein breites Spektrum unterschiedlichster Berufe aus, das sich aufgrund fortschreitender Spezialisierung immer weiter öffnet. Es scheint unmöglich, für alle Arbeitsbereiche, für Angestellte und Selbständige, passende Feng-Shui-Empfehlungen zu geben. Es gibt dennoch einen Weg hierfür: Wir müssen nur die zugrundeliegenden Strukturen erkennen, die hinter dieser verwirrenden Vielfalt liegen, so wie einst die chinesischen Philosophen hinter den zahlreichen Erscheinungen der äußeren Welt die allgemein gültigen Gesetze des Feng Shui entdeckten.

Abb. links:
Auch als Teilnehmer einer Konferenz können Sie mittels einfacher, aber wirkungsvoller Maßnahmen Ihre Position unterstützen.
(siehe hierzu S. 107).

Der theoretische Teil sollte Ihnen die Grundlagen für die Feng-Shui-Analyse geben, damit Sie Ihr Arbeitsumfeld harmonisch gestalten können. Welchen Weg Sie wählen, hängt natürlich davon ab, inwieweit Sie Ihre Arbeitsräume selbst einrichten können. Der Arbeitgeber oder Selbständige kann seinen Standort und damit auch die Umgebung seines Unternehmens selbst bestimmen und umfassendere Feng-Shui-Maßnahmen ergreifen als ein Angestellter in seinem kleinen Reich innerhalb einer Firma. Auf diese beiden Fälle wollen wir nun näher eingehen und Ihnen zwei unterschiedliche Methoden der Feng-Shui-Analyse vorstellen.

Feng-Shui-Analyse für Arbeitnehmer

Als Arbeitnehmer haben Sie zwar weniger Einflußmöglichkeiten auf die Gestaltung Ihres Arbeitsumfeldes, aber auch darin liegt ein entscheidender Vorteil: Denn Sie sind nur für eine Person verantwortlich, nämlich für sich selbst! Und darum können Sie auch ganz gezielt ans Werk gehen:

- Begeben Sie sich auf die Suche nach möglicherweise schädlichen Einflüssen. Wo befinden sich Sha-Quellen außerhalb und innerhalb des Raumes? Schalten Sie diese aus.
- Analysieren Sie anhand des Baguas das Energieniveau Ihres Arbeitsplatzes (Näheres hierzu S. 68 f). Stellen Sie fest, wo sich „Fehlbereiche" oder „hilfreiche Erweiterungen" befinden.
- Gleichen Sie vorhandene Fehlbereiche aus, indem Sie die für Ihr Fortkommen wichtigen Bereiche aktivieren.

Teilen Sie Ihren Raum mit einem oder mehreren Kollegen, dann gehen Sie folgendermaßen vor:

- Überprüfen Sie anhand der Bagua-Analyse, in welchem Bereich des Zimmers Sie arbeiten. Nun wissen Sie, welche besondere Energie Sie umgibt. Nutzen Sie auch andere für Sie wichtige Bereiche des Bagua, indem Sie Ihren Arbeitsplatz (Schreibtisch, Laden- und Empfangstheke) beleben. Praktische Empfehlungen finden Sie ab S. 99.
- Stellen Sie anhand der Geburtszahl Ihr persönliches Element fest (siehe S. 63) und die damit verbundenen Farben und Formen. In welcher Beziehung steht Ihr Element zu Ihrer Umgebung? Beseitigen Sie eventuelle Disharmonien.
- Mit der Geburtszahl haben Sie auch Ihre Glücksrichtungen (siehe S. 88) herausgefunden. Vielleicht können Sie Ihren Schreibtisch dementsprechend ausrichten. Beachten Sie auch die Hinweise ab S. 99.

Leitende Angestellte und Führungskräfte sind zwar angestellt, haben aber in vielen Fällen die gleichen oder ähnliche Möglichkeiten wie die Arbeitgeber. Sie sollten sich daher am Wegweiser für Arbeitgeber orientieren.

Feng-Shui-Analyse für Arbeitgeber

Selbständige und Arbeitgeber haben größere Einflußmöglichkeiten und damit nicht nur ein größeres Maß an Verantwortung für das Gesamtunternehmen, sondern auch für jeden einzelnen Arbeitsplatz, inklusive des eigenen. Sie sollten deshalb nach Möglichkeit einen Feng-Shui-Berater hinzuziehen, wenn es um weitreichende betriebliche Veränderungen geht. Hier einige Punkte, die es zu berücksichtigen gilt:

- Betrachten Sie die äußere Umgebung Ihres Unternehmens. Welchem Element können Sie die vorherrschenden Landschafts- und/oder Gebäudemerkmale zuordnen? Überprüfen Sie die Beziehung zu Ihrem persönlichen Element oder zum Element, das Ihrem Unternehmen zugeordnet werden kann.
- Überprüfen Sie die Umgebung auf mögliche Sha-Einflüsse (Ecken und Kanten von Nachbargebäuden, Straßen, die schnurgerade auf Ihr Unternehmen weisen, sehr hohe Gebäude in unmittelbarer Nachbarschaft).
- Analysieren Sie auch den Eingangsbereich Ihres Gebäudes. Wird der Ch'i- Einstrom behindert? Näheres zu diesem Thema finden Sie in den Abschnitten „Umgebungs-Feng-Shui" (S. 81) und „Der Eingangsbereich" (S. 85).

Ein Geschäft an einer Straßenecke, dessen Eingänge sich nach zwei Seiten öffnen, profitiert in besonderem Maße vom ungehinderten Zustrom von Ch'i. Der Inhaber dieses Geschäftes hat intuitiv auch dafür Sorge getragen, daß von der Hausecke zwischen den beiden Eingängen keine „versteckten Pfeile" auf Nachbargebäude ausgehen.

- Gibt es in Ihrem Betrieb unterschiedliche Bereiche für verschiedene Tätigkeiten (Büros, Fertigung, Versand etc.)? Weisen Sie bestimmten Tätigkeitsbereichen die Orte zu, die der günstigsten Trigramm-Energie entsprechen (siehe S. 74/75).
- Stellen Sie anhand des Baguas (S. 40) das Energieniveau Ihres Unternehmens fest. Wo befinden sich „Fehlbereiche", wo „hilfreiche Erweiterungen"? Gleichen Sie gegebenenfalls aus.
- Achten Sie auf die Energiebewegung in Ihrem Gebäude. Gleichen Sie „Energieautobahnen" (schnurgerade Flure, einander gegenüberliegende Türen und Fenster) sowie „versteckte Pfeile" (Ecken, Kanten, Spitzen) aus. Verstärken Sie in einzelnen Zimmern die entsprechenden Bereiche mit Hilfe der Bagua-Analyse (S. 68). Auch die Fünf-Elemente-Methode gibt Ihnen Möglichkeiten an die Hand, Ihr Unternehmen zu optimieren.
- Richten Sie Ihr Büro und Ihren Schreibtisch in der für Sie günstigsten Himmelsrichtung ein.

Die Fünf-Elemente-Theorie

Wollen Sie erfahren, welche Energiequalitäten aus der Umwelt (innere und äußere Umgebung, Mitarbeiter, Einrichtung usw.) auf Sie wirken, dann hilft Ihnen die Fünf-Elemente-Theorie mit ihren zahlreichen Entsprechungen. Die für die Feng-Shui-Analyse wesentlichsten Faktoren, so zum Beispiel auch die Gebäude- und Landschaftsmerkmale der Umgebung, finden Sie auf S. 81.

Die Analyse der Elemente und ihrer Beziehungen zueinander kann sich auf folgende Bereiche erstrecken:

- Die Umgebung (Landschaft, Gebäude) in bezug auf das Gebäude, in dem Sie arbeiten.
- Das der Branche oder dem Beruf zuzuordnende Feng-Shui-Element in bezug auf das Firmengebäude.
- Das der Branche oder dem Beruf zuzuordnende Feng-Shui-Element in bezug auf Ihr persönliches Element.

- Das Berufs- bzw. persönliche Element in bezug auf die Innenausstattung (Möbel, Farben usw.).

Das persönliche Element. Beginnen wir mit Ihrem persönlichen Element, denn natürlich können Sie nur dann eine Beziehung zwischen der Umwelt und sich selbst herstellen, wenn Sie wissen, welchem Element Sie entsprechen. Um das zu erfahren, benötigen Sie Ihre Horoskopzahl. Dabei gehen Sie folgendermaßen vor:

- Schauen Sie in der Geburtsjahrestabelle auf Seite 65 nach, welche Jahreszahl Ihnen zugeordnet ist.
- Haben Sie diese gefunden, dann schlagen Sie die Tabelle mit den Monatszahlen (S. 66) auf.
- Suchen Sie im Tabellenkopf Ihre Jahreszahl heraus und gehen Sie dann mit dem Finger solange in der entsprechenden Spalte nach unten, bis Sie den Monatszeitraum gefunden haben, in dem Sie geboren sind. Die Zahl, die Sie hier finden, ist Ihre Feng-Shui-Horoskopzahl oder kurz: Ihre Geburtszahl.
- Anhand Ihrer Geburtszahl können Sie auch Ihre Glücksrichtungen herausfinden (siehe S. 88).

Wenn Sie sich Ihrem persönlichen Element im ersten Moment nicht zugehörig fühlen, dann bedenken Sie, daß Sie nicht automatisch die Eigenschaften haben müssen, die dieses Element symbolisiert. Sie wurden lediglich unter seinem Einfluß geboren, was sich von Mensch zu Mensch unterschiedlich äußern kann. Vielleicht geht es bei Ihnen ja auch darum, eine der positiven Eigenschaften des Elementes in die Persönlichkeit zu integrieren.

Beispiel

Katharina M. ist am 11.11.1965 geboren. In der Jahrestabelle finden wir für das Jahr 1965 die Zahl 7. Suchen wir im Kopf der Monatstabelle die Jahreszahl 7 und sehen unter „w" (weiblich) nach, so ergibt sich in diesem Fall ebenfalls die Geburtszahl 7. Im magischen Quadrat „Lo Shu" steht die Zahl 7 für die Himmelsrichtung Westen. Dem Westen zugeordnet ist das Element Metall und die Farbe Weiß. Hier ist Katharina M. in ihrem Element. Im Schöpfungszyklus sehen wir, daß Erde Metall nährt. Demzufolge ist die Erde das Element, das sie stärkt und könnte über die Farbe Gelb im Arbeitsbereich aktiviert werden.

Damit haben wir Ihnen eine Analysemöglichkeit auf der Grundlage Ihrer persönlichen Geburtszahl vorgestellt, die sich für alle Arbeitnehmer eignet, ganz gleich, in welcher Branche sie tätig sind, ob sie ein eigenes Büro besitzen oder es mit mehreren Kollegen teilen müssen. Über die Geburtszahl können Sie auch die für Sie günstigsten Himmelsrichtungen erfahren und das Gebäude – hat es mehrere Eingänge – aus Ihrer Glücksrichtung betreten.

Auch für Unternehmer ist diese Form der Analyse geeignet. So kann man, wollen zwei Geschäftspartner ein Unternehmen gründen, die günstigste Ausrichtung der Tür für beide bestimmen. Sie sollte dann so orientiert sein, daß sie für jeden in einer Glücksrichtung liegt. Ist ein Betrieb sehr groß und wird von mehreren Führungskräften geleitet, dann bietet sich die Analyse über das Berufselement an.

FENG-SHUI-PRAXIS
Offensives Feng Shui

Wir kennen zwei Arten, Feng Shui zu praktizieren, Sie ergeben sich aus dem Schöpfungs- und Kontrollzyklus der Elemente (siehe S. 27). In den „Tigerstaaten" (Südkorea, Taiwan, Hongkong, Singapur, Thailand, Indonesien. Malaysia, Philippinen) wurde in den vergangenen Jahren in der Architektur aggressives Feng Shui angewandt. Ganz bewußt waren Ecken und Kanten von Geschäftsgebäuden auf das Gebäude der jeweiligen Konkurrenz gerichtet. Ein bekanntes Beispiel dafür ist das Verwaltungsgebäude der „Bank of China" in Hongkong, dessen Kreuze und Winkel wie „Giftpfeile" auf die Konkurrenz zielen. Diese offensive Form des Feng Shui können wir nicht empfehlen, da sich Aggression letzendlich immer gegen den Aggressor wenden muß. Stärken Sie Ihre berufliche Position durch gezielte Feng-Shui-Maßnahmen – aber niemals zu Lasten anderer.

Geburtsjahreszahlen 1922 – 2003

Bitte beachten Sie: Das chinesische Sonnenjahr beginnt jeweils am 4. Februar. Wenn Sie in der Zeit vom 1. Januar bis zum 4. Februar geboren sind, finden Sie Ihre Jahreszahl in der Zeile des Vorjahres.

Geburtsjahr	Frauen	Männer	Geburtsjahr	Frauen	Männer
1922	9	6	1963	5	1
1923	1	5	1964	6	9
1924	2	4	1965	7	8
1925	3	3	1966	8	7
1926	4	2	1967	9	6
1927	5	1	1968	1	5
1928	6	9	1969	2	4
1929	7	8	1970	3	3
1930	8	7	1971	4	2
1931	9	6	1972	5	1
1932	1	5	1973	6	9
1933	2	4	1974	7	8
1934	3	3	1975	8	7
1935	4	2	1976	9	6
1936	5	1	1977	1	5
1937	6	9	1978	2	4
1938	7	8	1979	3	3
1939	8	7	1980	4	2
1940	9	6	1981	5	1
1941	1	5	1982	6	9
1942	2	4	1983	7	8
1943	3	3	1984	8	7
1944	4	2	1985	9	6
1945	5	1	1986	1	5
1946	6	9	1987	2	4
1947	7	8	1988	3	3
1948	8	7	1989	4	2
1949	9	6	1990	5	1
1950	1	5	1991	6	9
1951	2	4	1992	7	8
1952	3	3	1993	8	7
1953	4	2	1994	9	6
1954	5	1	1995	1	5
1955	6	9	1996	2	4
1956	7	8	1997	3	3
1957	8	7	1998	4	2
1958	9	6	1999	5	1
1959	1	5	2000	6	9
1960	2	4	2001	7	8
1961	3	3	2002	8	7
1962	4	2	2003	9	6

Die Feng-Shui-Monatszahlen

Monat *	Geburtsdatum	Geburtsjahreszahlen					
		1•4•7		2•5•8		3•6•9	
		w	m	w	m	w	m
1	4. Februar – 4. März	7	8	4	2	1	5
2	5. März – 4. April	8	7	5	1	2	4
3	5. April – 4. Mai	9	6	6	9	3	3
4	5. Mai – 5. Juni	1	5	7	8	4	2
5	6. Juni – 6. Juli	2	4	8	7	5	1
6	7. Juli – 6. August	3	3	9	6	6	9
7	7. August – 6. September	4	2	1	5	7	8
8	7. September – 7. Oktober	5	1	2	4	8	7
9	8. Oktober – 6. November	6	9	3	3	9	6
10	7. November – 6. Dezember	7	8	4	2	1	5
11	7. Dezember – 4. Januar	8	7	5	1	2	4
12	5. Januar – 3. Februar	9	6	6	9	3	3

Bitte beachten Sie, daß sich die Geburtszahlen für Männer (m) und Frauen (w) unterscheiden.

*nach chinesischer Zeitrechnung

Die Geburtszahlen und ihre Zuordnungen

Geburtszahl	Element	Richtung	Trigramm	
1	Wasser	Norden	☵	K'an
2	Erde	Südwesten	☷	K'un
3	Holz	Osten	☳	Chen
4	Holz	Südosten	☴	Sun
5 (Männer=8)	Erde	Nordosten	☶	Ken
5 (Frauen=2)	Erde	Südwesten	☷	K'un
6	Metall	Nordwesten	☰	Ch'ien
7	Metall	Westen	☱	Tui
8	Erde	Nordosten	☶	Ken
9	Feuer	Süden	☲	Li

Die Geburtszahlen entsprechen den Zahlen des magischen Quadrats Lo Shu (S. 38). Da der Zahl 5 im Lo Shu keine direkte Himmelsrichtung zugeordnet ist, entspricht die Geburtszahl 5 bei Männern dem Zahlenwert 8, bei Frauen der Zahl 2.

Das berufliche Element. Eine andere Möglichkeit zur Steigerung des geschäftlichen oder beruflichen Erfolges besteht in der Aktivierung des zu Ihrem Berufszweig gehörenden Elementes. Diese Vorgehensweise empfiehlt sich besonders für größere Firmen mit vielen Abteilungen und unterschiedlichen Tätigkeiten. Sie vereinigt alle Bereiche und stärkt das bestimmende Grundelement. Auch für Unternehmen mit mehreren gleichrangigen Inhabern bietet sich dieses Verfahren an. Nachfolgend einige Beispiele, die Ihnen helfen sollen, Ihr passendes Berufselement zu finden:

Hier sind Sie auch beruflich in Ihrem Element

Holz: Möbelindustrie, Forstwirtschaft, Sägewerke, Blumenhandel, Pflegeberufe, Kindertagesstätten

Feuer: Restaurants, Küchen, Kantinen, Brennereien, Bäckereien

Erde: Immobilien, Architektenbüros, Bauunternehmen, Baumärkte, Tunnelbau, Landwirtschaft, Töpfereien

Metall: Juweliere, Eisen- und Haushaltswaren, Banken, Werkstätten

Wasser: Kommunikation, Literatur, Kunst, Werbung, Verlage, Reisebüros, Agenturen

Wenn Ihr Berufselement im Kontrollzyklus vor Ihrem persönlichen Element steht, weil Ihr Beruf zum Beispiel durch das Element Metall repräsentiert ist, Sie selbst aber unter dem Einfluß des Elementes Holz stehen, dann sollten Sie unbedingt einen Ausgleich schaffen. Sie laufen sonst Gefahr, von Ihrer beruflichen Tätigkeit „aufgefressen" zu werden, Ihre Gesundheit und Ihr Privatleben zu vernachlässigen.

Idealerweise sollte das Element der Umgebung Ihrem persönlichen Element oder dem Ihres Berufes entsprechen. Auch das im Schöpfungszyklus vorausgehende ist günstig für Sie, da es Ihr Element nährt.

Ausgleichen sollten Sie, wenn das Umgebungselement das Ihre kontrolliert (siehe Kontrollzyklus S. 27). Dazu können Sie das vermittelnde Element (es steht im Schöpfungszyklus zwischen den beiden Elementen) in eine seiner Entsprechungen (Farbe, Form, Material) einbringen (Tabelle S. 30/31).

> **FENG-SHUI-PRAXIS**
> *Stärkung des Berufselementes*
>
> Der Bäcker braucht Hitze (Element Feuer), um Brot, Brötchen und Kuchen zu backen. Schauen wir im Schöpfungszyklus der fünf Elemente (S. 27) nach, erkennen wir, daß das Element Holz Feuer erzeugt. Demnach würden auch Materialien aus Holz sowie die Farbe Grün und/oder eine säulenartige Form in der Backstube den Bäcker bei seiner Arbeit unterstützen. (siehe auch S. 30/31).

Die Bagua-Analyse in der Feng-Shui-Praxis

Im Theorieteil des Buches haben Sie erfahren, daß Sie mit dem Bagua das Energieniveau von Gesamtgrundrissen oder Räumen feststellen sowie einzelne Bereiche aktivieren können. Was bedeutet das nun in der Praxis? Damit ein Raum oder Grundriß alle Bagua-Bereiche beinhaltet, müßte er regelmäßig rechteckig oder quadratisch sein. Das ist aber nur selten der Fall. Aus den Abweichungen ergeben sich nun entweder „Fehlbereiche" oder „hilfreiche Erweiterungen".

Die Bagua-Analyse orientiert sich stets an der Tür. Beim Gesamtgrundriß von Gebäuden ist es die Haupteingangstür, bei Etagen der prominenteste Aufgang, bei einzelnen Räumen die am meisten benutzte Zimmertür. Legen Sie deshalb das Bagua so auf den Grundriß, daß sich die Tür auf der Linie „hilfreiche Freunde/Karriere/Wissen" befindet. Und so gehen Sie bei der Bagua-Analyse Ihres Büros oder Arbeitszimmers vor:
- Zeichnen Sie den Grundriß maßstabsgetreu nach.
- Teilen Sie die Längs- und Querseiten jeweils durch drei, markieren Sie die entsprechenden Punkte und verbinden sie dann. Auf diese Weise entsteht das Bagua mit seinen neun Bereichen.
- Überprüfen Sie, welcher Zone des Grundrisses die einzelnen

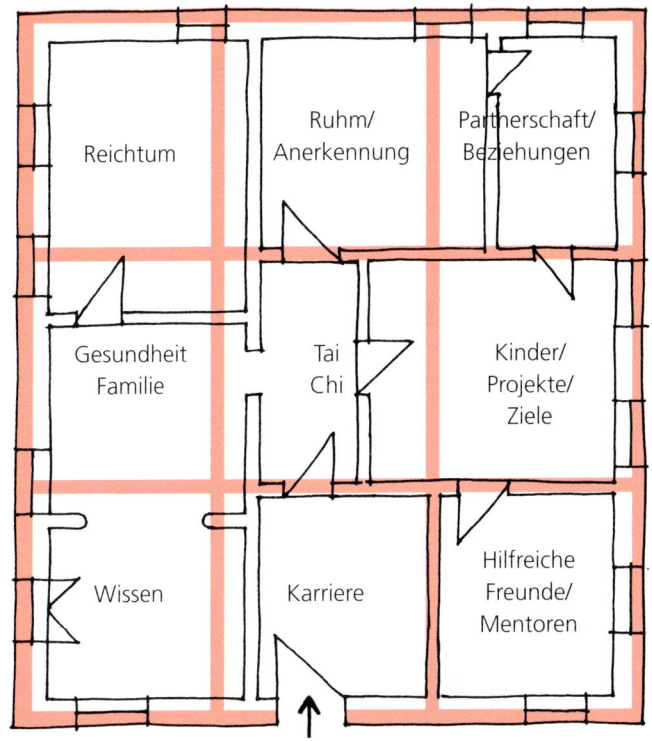

Die Bagua-Analyse eignet sich sowohl für einzelne Zimmer als auch für den Gesamtgrundriß mehrerer zusammenhängender Räume (Praxen, Büros, Geschäfte etc.). Fehlbereiche, die bei der Analyse des Gesamtgrundrisses zutagetreten, können über das Bagua der einzelnen Zimmer ausgeglichen werden.

Bagua-Bereiche entsprechen, indem Sie die Bezeichnungen übertragen. Voraussetzung ist, daß die Tür auf der Linie „hilfreiche Freunde/Karriere/Wissen" liegt.
- Aktivieren Sie die für Sie wichtigen Themen.

Arbeitsräume mit Wintergärten, Erkern oder anderen Anbauten haben meist unregelmäßige Grundrisse. Achten Sie aber darauf, daß nur der direkt genutzte Raum bei der Bagua-Analyse berücksichtigt wird. Eine Garage, in der nur das Auto steht, wird nicht von Ihnen „belebt". Anders ist es, wenn hier ein kleines Büro eingerichtet wurde. Wollen Sie einen unregelmäßigen Grundriß analysieren, stellen Sie zunächst fest, ob es sich um „hilfreiche Erweiterungen" oder „Fehlbereiche" handelt. Entscheidend ist dabei das Größenverhältnis in bezug auf die benachbarten Bagua-Bereiche.

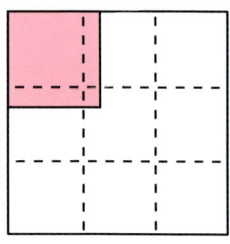

Beispiel : Fehlbereich. Von einem Fehlbereich spricht man, wenn der über das Bagua hinausragende Abschnitt 50% des Bereichs übersteigt, aus dem er hervorging. In der Abbildung trifft dies auf die Reichtumsecke zu. Wenn die Bagua-Analyse einen Fehlbereich anzeigt, dann bedeutet dies, daß Ihnen für das davon betroffene Lebens- und Berufsziel nicht die volle Energie zur Verfügung steht. Um die Raumharmonie wiederherzustellen und den Energiemangel auszugleichen, sollten Sie die Fehlbereiche ausgleichen.

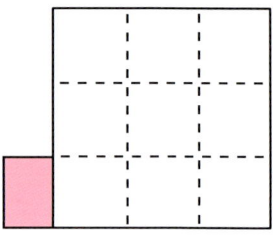

Beispiel: Hilfreiche Erweiterung. Ist der außerhalb des Bagua liegende Abschnitt kleiner als 50% des Bereiches, aus dem er hervorging, handelt es sich um eine „hilfreiche Erweiterung". Die Abbildung zeigt dies im Abschnitt Wissen. Hier steht besonders viel Energie zur Verfügung. Sicher wird der hier Arbeitende weniger Schwierigkeiten bei der Vermittlung und Aufnahme von Wissen haben als andere Mitarbeiter. Bei „hilfreichen Erweiterungen" steht Ihnen immer zusätzliche Energie zur Verfügung.

FENG-SHUI-PRAXIS
Bagua-Analyse mehrerer Räume

Haben Sie mehr als einen Raum zur Verfügung oder sind Chef einer großen Firma, so analysieren Sie zuerst den Gesamtgrundriß. Stellen Sie hier „Fehlbereiche" fest, sollten diese in einzelnen Zimmern über das Raum-Bagua ausgeglichen werden.

Grundrisse in L- oder T-Form. Hier hilft ein kleiner Trick. Teilen Sie den Grundriß ganz einfach in zwei Rechtecke. Legen Sie nun das Bagua nacheinander erst auf den einen, dann auf den anderen Teil. Anhaltspunkte der Analyse sind natürlich auch hier die Eingänge in das Arbeitszimmer (Raumanalyse) oder in das Firmengebäude (Grundrißanalyse). Verfügt der abgetrennte zweite Teil über keinen Eingang, so ist sein Bezugspunkt der Bereich, den man durchqueren müßte, um in ihn hineinzugelangen.

Ausgleich von Fehlbereichen. Da ein „Fehlbereich" ja immer innerhalb des Baguas liegt, können Sie auf Ihrer Zeichnung den Schnittpunkt der Grundrißlinien erkennen, der ein vollständiges Bagua ergibt. Schauen Sie nun, wo sich dieser Schnittpunkt in der Realität befindet. Eventuell ist der Ausgleich genau an dieser Stelle möglich. Dann gehen Sie folgendermaßen vor:

- Stellen Sie außerhalb des Gebäudes oder Raumes an dieser Stelle eine Leuchte, Pflanze oder ein anderes Feng-Shui-Hilfsmittel auf.
- Ist dies nicht möglich, so gleichen Sie innen aus. Ein „Fehlbereich" im Gesamtgrundriß kann über die Aktivierung des entsprechenden Themas in den einzelnen Zimmern recht gut kompensiert werden.
- Was aber, wenn Sie nur einen Raum zur Verfügung haben und dort einen "Fehlbereich" feststellen? Sie könnten dann die Wand symbolisch durch einen geschickt angebrachten Spiegel öffnen und somit den fehlenden Raum ergänzen. Natürlich bieten sich auch andere Möglichkeiten des Ausgleichs an. Stets sind Symbole geeignet, die den jeweils entsprechenden Aspekt verkörpern ebenso wie kräftige, gesunde Pflanzen, Farben, Bilder, Poster oder fließendes Wasser (Zimmerbrunnen, Aquarium).
- Wenn ein Arbeitszimmer Fehlbereiche aufweist, die nur schwer auszugleichen sind, dann kann man auch im kleinen Abhilfe schaffen – auf dem Schreibtisch nämlich (Näheres hierzu ab S. 103), wie das folgende Praxis-Beispiel zeigt:

Wasserfälle stehen im Feng Shui für gutes Gelingen in finanziellen Angelegenheiten. Entsprechende Poster, in der Reichtumsecke aufgehängt, mehren den Wohlstand.

> **FENG-SHUI-PRAXIS**
> *Schreibtisch-Bagua*
>
> Hans Z. ist Angestellter in einem großen Versicherungskonzern. Er wird von Vorgesetzten und Kollegen zwar als fähiger Mitarbeiter anerkannt, aber sein Gehaltsstreifen spiegelt das nicht wider. Bei der Bagua-Analyse seines Arbeitszimmers stellt er fest, daß ihm der Reichtumsbereich vollständig fehlt.
> Wir empfehlen ihm, den Bereich mittels Schreibtisch-Bagua auszugleichen. Bezugspunkt ist der Sitzplatz von Hans Z. im Karrierebereich des Schreibtisch-Baguas. Aus seiner Sicht befindet sich nun der Bereich des Geldes und des Reichtums in der hinteren, linken Ecke der Schreibtischfläche. Diese Ecke gilt es zu aktivieren. Hans Z. hat dort nun ein kleines Silberdöschen mit glänzenden Glückspfennigen stehen.

Die Trigramme in der Feng-Shui-Praxis

Egal, wie vielschichtig und verschieden Arbeit auch sein mag, immer vollzieht sich durch eine Tätigkeit auch eine Veränderung: Ein Zugführer verändert seinen Standort ebenso wie den seiner Fahrgäste; der Dozent erweitert durch seine Vorträge die Grenzen des Wissens; ein Koch komponiert aus vielen Zutaten etwas gänzlich Neues.

Die Veränderungszyklen des Feng Shui haben wir Ihnen schon anhand der Trigramme vorgestellt (S. 32 ff.). Einen praktischen Nutzen können Sie aus diesem Wissen ziehen, wenn Sie zum Beispiel mehrere Räume zur Verfügung haben und sie verschiedenen Tätigkeiten zuweisen wollen. Voraussetzung dafür ist die Ausrichtung Ihrer Haupteingangstür (siehe S. 88). Gibt es mehrere Türen, dann wird diejenige zum Bezugspunkt, die am meisten benutzt wird. Anhand dieses Orientierungspunktes läßt sich leicht feststellen, welche Bereiche eines Grundrisses unter dem Einfluß des jeweiligen Trigramms stehen, da diese nun jeweils einer Himmelsrichtung zugeordnet werden können.

Welche Tätigkeiten von welchem Trigramm unterstützt werden, finden Sie in der Tabelle auf S. 74/75.

FENG-SHUI-PRAXIS
Trigramm-Theorie im Firmengebäude

Nach dem Umzug einer Firma in neue Räumlichkeiten tauchen plötzlich ungewohnte Schwierigkeiten auf. Die Zahlungsmoral der Kunden läßt auf einmal rapide nach, und es häufen sich Reklamationen. Eine Feng-Shui-Analyse ergibt, daß der Eingangsbereich der Firma im Nordosten liegt. Ausgerechnet in diesem Bereich befindet sich auch das Buchhaltungsbüro. Hier bestimmt das Trigramm Ken („der Berg") die Energie. Es steht für Hindernisse, Schwierigkeiten, kurzum: Man steht tatsächlich wie vor einem Berg.

Wie nun dieser Firma helfen? Man konnte ja nicht sofort wieder umziehen, und die Eingangstür ließ sich auch nicht einfach versetzen. Eines aber war relativ einfach und sofort zu verändern: Die Buchhaltung zog um und zwar ins ehemalige Lager im Südwesten des Gebäudes. Mit dieser Himmelsrichtung ist das Trigramm K'un verknüpft, das unter anderem für Wachstum steht. Auch der Standort des Lagers im ehemaligen Buchhaltungtrakt war günstiger. Hier bietet jetzt das Trigramm des Berges Schutz und Sicherheit.

Welches Trigramm harmoniert mit welcher Tätigkeit

Trigramm	Kurzcharakteristik	Berufszweige und Tätigkeitsbereiche
Li (Süden)	unwiederbringliche Veränderung von Stoffen	Bäckereien, Restaurants, Brauereien, Brennereien, Lebensmittelindustrie, Chemische Industrie, Papierindustrie, Glas- und Porzellanindustrie, Heizungsunternehmen, Heizwerke
K'un (Südwesten)	Wachstum, Pflege, Heilung, Regeneration, Wachstum auch im geschäftlichen Sinne	Arztpraxen, Kurkliniken, Krankenhäuser (speziell Geburtsstationen), Pflegeheime (und alle Pflegeberufe), Kindergärten und -heime, Erzieher/innen, Tagesmütter, Land- und Forstwirtschaft, Gärtnereien, Verkauf (speziell auch von Aktien, Versicherungen und Kapitalanlagen)
Tui (Westen)	Wandel des Wissens, Anwenden und Wiedergeben von Wissen, Genuß, Entspannung	Kosmetik- und Massagepraxen (siehe auch K'un), Restaurants, Bars, Cafés, Theater, Kinos, Videotheken, Schauspieler, Musiker, Rechtsanwälte, Bibliotheken, Buchhandlungen (siehe auch Chen), Schulen, Seminarzentren, Lernende allgemein
Ch'ien (Nordwesten)	Quelle der Schöpfung, Führung, Entwicklung von geistigen und materiellen Produkten	Wissenschaftler, Erfinder, Architekten, Softwarespezialisten, Bildhauer (siehe auch Sun), Maler, Werbeagenturen, Designer, Grafiker, Schriftsteller, Komponisten, Führungskräfte, Manager, Politiker

Trigramm	Kurzcharakteristik	Berufszweige und Tätigkeitsbereiche
K'an (Norden)	Rotation, Wandel der Zeit, Verborgenes	Historiker, Trendforscher, Dreher, Reparaturwerkstätten, Sägewerke, Schreibbüros, Verleihgeschäfte (Videotheken siehe auch K'un), Waschsalons, auch eintönige, sich wiederholende Arbeiten und Berufe, die sich mit Spirituellem befassen
Ken (Nordosten)	Dauerhaftigkeit, Unveränderlichkeit, Unbeweglichkeit, Schutz und Sicherheit	Polizei, Sicherheitsunternehmen, Detekteien, Bodyguards, Versicherungen (besonders Unfall- und Krankenversicherungen, siehe auch K'un)
Chen (Osten)	Bewegung von Ort zu Ort, Transport geistiger und materieller Güter	Öffentlicher Verkehr, Bahn, Speditionen und Umzugsunternehmen, Kurierdienste, Boten, Bus- und Taxiunternehmen, Fluggesellschaften, Touristikunternehmen, Verkauf (siehe auch K'un), Kaufhäuser, Versandhandel, Vertreter, Autohäuser, Geschäfte, Telefonunternehmen, Sendeanstalten, Elektrizitätswerke
Sun (Südosten)	Veränderung der Form; aus der Summe von Einzelteilen entsteht etwas Neues	Bekleidungsindustrie, Webereien, Schneidereien, Bildhauer, Steinmetze, Schleifereien, Töpfereien, Buchbindereien, Druckereien, Goldschmiede, Maler (siehe auch Ch'ien), Möbelindustrie, Schreinereien, Auto- und Uhrenindustrie, Fitneßstudios, Friseure

Fließendes Wasser und üppige Pflanzen sorgen für eine gute Raumatmosphäre. Je nach Standort kann ein solches Arrangement beschleunigtes Ch'i abbremsen, Energiemangelbereiche beheben oder einzelne Bagua-Zonen aktivieren.

Die wichtigsten Feng-Shui-Regeln

Das Grundanliegen von Feng Shui besteht darin, den Ch'i-Fluß in Ihrem Arbeitsumfeld harmonisch zu gestalten. Dieses Ziel wird erreicht, indem Sie einerseits die Sha-Einflüsse in der äußeren und inneren Umgebung ausgleichen und andererseits den für Sie wichtigen Bereich aktivieren. Bitte beachten Sie dabei die folgende Grundregel:

- Denken Sie daran, immer zuerst Sha-Einflüsse auszugleichen, bevor Sie einzelne Arbeitsbereiche über das Bagua aktivieren. Wird dieser Grundsatz nicht eingehalten, kann es zu unerwünschten Auswirkungen kommen, da die von Ihnen eingesetzten Maßnahmen nur schwer oder nicht kalkulierbar sind.

Auch im Feng Shui gilt: Viel hilft nicht viel. Gehen Sie deshalb behutsam vor. Beginnen Sie mit kleineren Veränderungen in Ihrem Umfeld. Beobachten Sie drei Wochen lang, was passiert. Haben Sie das Gefühl, daß Ihnen nun vieles leichter von der Hand geht, dann sind Sie auf dem richtigen Weg. Häufen sich aber danach Schwierigkeiten und Hindernisse, fühlen Sie sich blockiert und können Sie sich schlecht konzentrieren, so bringen Sie alles wieder in die Ausgangsposition zurück, versuchen es mit einer anderen Feng-Shui-Maßnahme und setzen zum Beispiel Akzente mit Farben.

Fangen Sie jetzt nicht an, laufend alle nur möglichen Bereiche zu aktivieren, sondern beschränken Sie sich auf die für Sie im Moment wesentlichen. Setzen Sie deshalb die Feng-Shui-Hilfsmittel gezielt und mit Bedacht ein, etwa wie der Arzt die Akupunkturnadeln.

Noch ein Hinweis für die Feinabstimmung Ihres Arbeitsbereiches: Nehmen Sie Ihren Grundriß und zeichnen Sie die Möbelanordnung ein. Versuchen Sie nun den Ch'i-Fluß nachzuempfinden, indem Sie Ihren Zeigefinger in kleinen, kreisenden Bewegungen über das Papier führen. Sie erinnern sich: Ch'i sollte sich wie ein walzertanzendes Paar im Raum bewegen können. Sie spüren dabei ganz deutlich, wo Ihr „tanzender" Finger schlecht hinkommt (hier sind Mangelbereiche) und wo er aneckt (Vorsicht: Sha-Energie!). Auch die intuitive Wahrnehmung gibt Aufschluß über das Energieniveau von Räumen.

Feng Shui gibt Ihnen nicht nur Möglichkeiten an die Hand, bereits entstandene Probleme in Ihrem Arbeitsumfeld zu mindern oder zu lösen. Richtig verstandenes Feng Shui wird präventiv angewandt, damit diese Schwierigkeiten erst gar nicht auftreten können. Daran sollten Sie denken, wenn Sie neue Arbeitsräume einrichten. Gehen Sie mit Sorgfalt und Geduld zu Werke; es kann Ihnen viel Ärger ersparen.

Nachfolgend haben wir für Sie nochmals die wesentlichen Punkte zusammengefaßt, die Sie bei der Analyse Ihres Arbeitsumfeldes berücksichtigen sollten.

Feng-Shui-Fragebogen für Arbeitgeber und Selbständige

- Welchen Einflüssen aus der Umgebung (Landschaftsform, Nachbargebäude, Straßenführung, Brücken, Masten, Gewässer) ist das Firmengebäude ausgesetzt? Welchem Element könnte man die Umgebung zuordnen?
- Welche architektonischen Merkmale (Baumaterial, Form- und Farbgebung) der Fassade, Fenster, des Eingangsbereiches weist das Gebäude auf? Welchem Element gehört das zu untersuchende Gebäude vorrangig an?
- Welchem der fünf Elemente ist die Branche zuzuordnen, in der das Unternehmen tätig ist?
- Was verrät die Bagua-Analyse über das Energiepotential des Firmengebäudes bzw. dessen einzelner Etagen? Gibt es hilfreiche Erweiterungen, Fehlbereiche oder „Energieautobahnen" durch lange Korridore?
- Sind die einzelnen Abteilungen in dem für sie jeweils günstigsten Bereich angesiedelt?
- Welches ist mein persönliches Element, welches das meines Kompagnons? Welche Auswirkungen hat dies auf die Zusammenarbeit?
- In welchem Verhältnis steht mein persönliches Element zu dem meines Berufes oder Unternehmens?
- Befindet sich mein Büro an einer für meinen Erfolg günstigen Stelle innerhalb des Gebäudes?
- Weist das Bagua meines Arbeitszimmers Besonderheiten auf (Fehlbereiche, hilfreiche Erweiterungen)? Ist für einen ungehinderten Energiefluß gesorgt?
- Steht mein Schreibtisch entsprechend günstig? Hat er die richtigen Feng-Shui-Maße?

Bei baulichen Veränderungen des Firmengebäudes sollte ein Feng-Shui-Berater mit dem Architekten zusammenarbeiten. Zu leicht wird möglicherweise sonst aus einem Anbau ein „Fehlbereich", der den Energiefluß und die Kommunikation im Gebäude empfindlich stören kann.

Wenn Sie als Selbständige/r zu Hause arbeiten

- Was ergibt die Bagua-Analyse des Gesamtgrundrisses für die Lage meines Arbeitszimmers oder -platzes? In welchem Bereich

befindet er sich? Muß ich den entsprechenden Lebenswunsch in den Privaträumen aktivieren, weil mein Arbeitsplatz im Bereich Familie/Partnerschaft liegt?
- Welches ist mein persönliches Element, welches repräsentiert meinen Beruf? Wie verhalten sie sich zueinander?
- Wie verläuft der Energiefluß? Gibt es „Energieautobahnen", „versteckte Pfeile" oder Mangelbereiche, die meinen Arbeitsplatz beeinflussen?
- Hat mein Schreibtisch eine günstige Position? Kann ich ihn auf Feng-Shui-Maße bringen?
- Habe ich eventuelle Mängel meines Arbeitszimmers oder -platzes über das Schreibtisch-Bagua ausgeglichen?
- Sorge ich für ein ausgeglichenes Verhältnis zwischen Arbeit und Privatleben?

Feng-Shui-Fragebogen für Arbeitnehmer

- Welches ist mein persönliches Element? Welchem jeweiligen Element fühlen sich Kolleg/inn/en zugehörig, mit denen ich das Büro teile? Wie verhalten sich die Elemente zueinander?
- Welchem Element entspricht meine berufliche Tätigkeit? Wie verhält es sich zu meinem persönlichen Element?
- Was verrät die Bagua-Analyse des Raumes über die Position der einzelnen Arbeitsplätze? Gibt es Fehlbereiche oder hilfreiche Erweiterungen?
- In welchem Bereich befindet sich mein Arbeitsplatz?
- Wie fließen die Energien im Raum? Gibt es „Energieautobahnen", „versteckte Pfeile" oder Mangelbereiche, die meinen Arbeitsplatz beeinflussen?
- Liegt mein Arbeitsplatz an einer für mich günstigen Stelle?
- Wie kann ich durch das Schreibtisch-Bagua Mängel meines Arbeitsumfeldes ausgleichen?

Die Position eines Arbeitsplatzes hat immer Vorrang vor der Orientierung an Himmelsrichtungen. Ergibt sich bereits durch die Raumaufteilung Ihre Glücksrichtung, haben Sie einen Vorteil. Anderenfalls bringen Sie ein Trigramm an einer Stelle an, die der gewünschten Himmelsrichtung am nächsten liegt.

Feng Shui für Firmen

Europäische Firmen beschränken sich bei der Auswahl ihres Betriebsstandortes stets auf rationale Beweggründe. Wichtig sind für sie vor allem die Verkehrsanbindung, die Nähe zum Kunden und Miet- oder Grundstückspreise. Feng Shui dagegen bezieht auch subtile Faktoren mit ein, die ebenfalls für das wirtschaftliche Wohl und Wachstum eines Unternehmens entscheidend sind.

Das Umgebungs-Feng-Shui

Wie würde ein deutscher Unternehmer wohl reagieren, wenn ihm ein Standortberater diese Hinweise über die günstigste Lage seines Betriebes gäbe: „Ihre Firma sollte die Schildkröte im Rücken haben, Drache und Tiger bewachen links und rechts das Haus, und der Phönix sorgt für einen offenen Bereich vor dem Haupteingang." Er würde dem Feng-Shui-Experten vermutlich verständnislos die Tür weisen, denn für uns Europäer bedarf die Bildersprache der chinesischen Harmonielehre eines Übersetzers. Was also ist mit dieser Empfehlung gemeint?

Tatsächlich entspricht diese Bildersprache, die der Formenschule des Feng Shui entstammt, dem intuitiven Empfinden von uns allen, auch wenn wir sie erst interpretieren müssen. Welcher Firmenchef möchte nicht gerne eine „Rückenstärkung" haben? Dafür steht die Schildkröte, die in der Natur für einen Berg, in der Stadt für ein schützendes, hohes Gebäude steht. Drache und Tiger sollen das Unternehmen links und rechts bewachen. Ihnen entsprechen auf dem Land ein Hügel, das Nachbarhaus, eine Hecke oder Mauer. Idealerweise sollte der Drache etwas größer als der Tiger sein. Um den Phönix mit seinen ausgebreiteten Schwingen herum sammelt

Abb. links:
Auch die Umgebung eines Geschäftes hat Einfluß auf seinen wirtschaftlichen Erfolg. Welche Feng-Shui-Kriterien dabei zu berücksichtigen sind, erklärt Ihnen das nun folgende Kapitel.

sich Ch'i, das sich nun in Richtung des Gebäudes bewegt und dafür sorgt, daß das Unternehmen und seine Mitarbeiter genährt und gestärkt werden.

Hinter der blumigen Sprache verbirgt sich also ein durchaus analytisches Erkenntnissystem, das sich auf alle Arten von Unternehmen anwenden läßt, ganz gleich, ob das Firmengebäude seinen Standort auf dem Lande oder in der Stadt hat. Lassen Sie uns nun darstellen, welche Auswirkungen bestimmte Landschaftsmerkmale und Häuserkonstellationen auf den Ch'i-Fluß und damit auf Ihr Unternehmen haben.

Jedes Geschäft oder Unternehmen muß, um existieren zu können, reichlich Ch'i aus der Umgebung anziehen. Ideal ist die Lage an einer Straßenkreuzung, da hier das Ch'i aus mehreren Richtungen in das Geschäft fließen kann. Wichtig für die Beurteilung sind der

Auch wenn Sie hoch hinaus wollen – ein Unternehmen, das sich in den oberen Stockwerken des mittleren Hauses ansiedelt, erhält keinerlei Schutz aus der Umgebung, denn die benachbarten Gebäude sind kleiner. Diese Geschäftslage ist aus Feng-Shui-Sicht nicht günstig. Zwar überragen Sie Ihre Konkurrenten, aber Sie können dadurch auch gebündelte Sha-Energie auf sich ziehen. Vergleichen Sie die Situation mit einer Baumgruppe, in der Sie den größten Baum darstellen. Während dieser Wind und Wetter ausgesetzt ist, können sich in seinem Schutz die kleineren Bäume besser entwickeln.

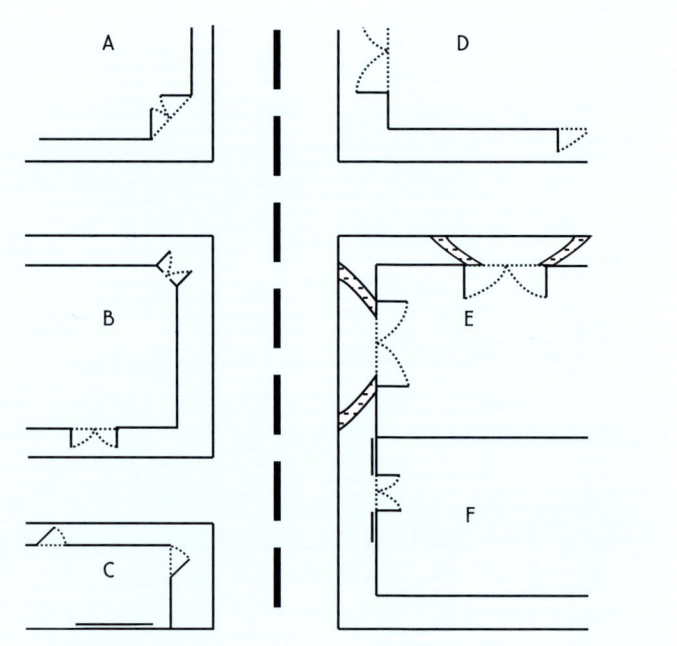

Fußgängerstrom und die Hauptrichtung des Straßenverkehrs, denn überall wo sich Menschen bewegen, fließt auch das Ch'i. Die nebenstehende Skizze bietet Ihnen eine Orientierung:

Gebäude A. Die Lage dieses Geschäftes ist günstig, da Ch'i aus allen Richtungen hineinströmt. Begünstigt wird das durch den großen Eingang an der Ecke des Gebäudes, der sich auf zwei Fußgängerwege hin öffnet.

Gebäude B. Auch dieses Geschäft liegt günstig. Besser wäre es jedoch, wenn sich die Eingangstüren nach innen öffnen ließen, damit die Kunden auf diese Weise in den Laden „hineingezogen" werden. So regten die Richtung der Türen eher zum Verlassen des Geschäfts an.

Gebäude C. Obwohl die Lage eigentlich günstig ist, wird das Geschäft Schwierigkeiten haben, konstant gute Umsätze zu erzielen. Während sich eine Tür in Verkehrsrichtung öffnet, wird der Laden von der anderen Eingangstür, die sich in einer Seitenstraße befindet, wenig profitieren, da sie sich gegen die Verkehrsrichtung öffnet. Weil das Geschäft sehr klein ist, würden wir zusätzlich raten, zur optischen Vergrößerung im Inneren eine Spiegelwand anzubringen.

Gebäude D. In diesem Gebäude befindet sich ein Kino. Es ist Sammelpunkt vieler Menschen und hat deshalb einen günstigen Einfluß auf die umliegenden Geschäfte. Wichtig sind hier – im Gegensatz zu Geschäften – die sich nach außen öffnenden Türen, damit der regelmäßige Austausch zwischen verbrauchtem und frischem Ch'i gelingen kann.

Gebäude E. In dieses Kaufhaus strömt viel Ch'i, da es sehr weite Eingangsbereiche hat, die sich nach zwei Seiten hin öffnen. Unterstützt wird dieses Geschäft auch durch die trichterförmig in den Boden eingelassenen Mosaikplatten auf den Gehwegen vor den Eingängen, die die Kunden gleichsam in den Laden „ziehen".

Gebäude F. Die Lage dieses Geschäftes ist nicht ganz so ideal. Die Eingangstür öffnet sich zwar einladend nach innen, aber ist relativ klein. Außerdem ist es Sha-Einflüssen ausgesetzt, denn der aus der Seitenstraße kommende Verkehr fließt direkt auf die Eingangstür zu. Hier wäre es sinnvoll, beidseitig neben der Tür reflektierende Objekte (Spiegel, Schilder) anzubringen, die einerseits die Sha-Energie ablenken und andererseits auch den Eingang optisch vergrößern.

FENG-SHUI-PRAXIS
Die Finanzplätze Hongkong und Frankfurt

Warum ziehen Großstädte wie Hongkong und Frankfurt wie Magnete das Geld aus aller Welt an? Ist dies Zufall oder liegen diesem Phänomen Feng-Shui-Gesetzmäßigkeiten zugrunde? Wir sind natürlich von letzterem überzeugt. Hier einige Gründe für unsere These:

Hongkong verdankt seinen Reichtum nach Ansicht der Einwohner der von freundlichen „Drachen" (Hügeln) beschützten Lage, vor allem aber seinem Hafen, der in der Form einer Geldbörse gleicht. Zudem wurden die Geschäftshäuser, Banken, Firmensitze etc. nach Feng-Shui-Kriterien gebaut. Zu der Krise, in die die Stadt nach ihrer Rückgabe an China stürzte, könnte unserer Meinung nach – neben der Finanz- und Wirtschaftskrise im gesamten asiatischen Raum – auch das in den letzten Jahren dominierende „offensive Feng Shui" (siehe S. 64) beigetragen haben.

Frankfurt verfügt aufgrund seiner geographischen Lage über ein perfektes Feng Shui. Der Taunus symbolisiert die Schildkröte. Im Osten entspricht das Fränkische Bergland dem Drachen, im Westen versinnbildlichen der Hunsrück und die Pfalz den Tiger. Die fruchtbare Rheinebene im Süden versorgt die Stadt mit günstigen Ch'i.

Der Eingangsbereich

Zwei Bewerber für eine neu zu besetzende Position stellen sich vor. Da haben wir zunächst einen Mann, der in ausgebeulten Jeans und einem zerknitterten weißen Hemd auftritt und seine Augen unstet durch den Raum wandern läßt. Der nächste Kandidat ist eine adrett gekleidete und gepflegte Frau, die ihre Vorstellungen sehr genau zu beschreiben versteht und dem Personalchef gerade in die Augen schaut. Wer bekommt wohl den Job? Eine – zugegebenermaßen – wohl eher rhetorische Frage.

Ebenso sagt die äußere Gestaltung, die Fassade – sozusagen das „Antlitz" oder der „Auftritt" – von Geschäfts-, Büro- oder Fabrikgebäuden und Geschäften viel über die innere Führung aus.

Wer bleibt nicht gern vor Geschäften und Läden stehen, deren Eingänge mit Blumen oder Pflanzen geschmückt und deren Schaufenster ansprechend gestaltet sind. Kein gut geführter Konzern wird seine Firmengebäude vernachlässigen. Ein Restaurant mit schmutzigen Fenstern, lieblos herunterhängenden Vorhängen, verfleckten Tischdecken und vergilbten Speisekarten lädt nicht gerade zum Verweilen ein. Die äußeren Zeichen signalisieren uns: „Hier lieber nicht, wer weiß, wie die Küche aussieht." Wir schließen also vom äußeren Erscheinungsbild auf den inneren Zustand – nicht ganz zu Unrecht, denn all das bleibt nicht ohne Auswirkungen auf die Menschen, die hier arbeiten. Von besonderer Bedeutung für ein Geschäftsgebäude ist vor allem der Eingangsbereich, sein „Mund". Durch ihn „atmet" das Unternehmen. Eine günstige Lage für die Eingangstür, ihre Ausrichtung und Proportion ist entscheidend. Grundsätzlich ist zu beachten:

- Die Tür sollte sich harmonisch in das Gesamtbild des Gebäudes einfügen, nicht zu klein, aber auch nicht zu groß sein.
- Es sollten keine schnurgeraden Wege oder Straßen unmittelbar auf die Eingangstür weisen. Wenn das der Fall ist, müßte ausgeglichen werden. Abhilfe schaffen Pflanzenkübel und -beete,

Geschäftshäuser und Banken profitieren von kuppelförmigen Bauten mit Bögen. Ihr Berufselement ist das Metall, dem diese architektonischen Merkmale zugeordnet sind. (siehe hierzu auch S. 30/31)

Eine gepflegte Fassade, ein ansprechend dekoriertes Schaufenster und ein einladender Eingang sind die „Visitenkarte" eines Geschäftes. Buchsbäumchen dienen nicht nur der Verschönerung, sondern wenden auch schädliche Einflüsse vom Eingangsbereich ab.

bogenförmig angelegte Zugangswege und Wasserspiele, die die „versteckten Pfeile" neutralisieren.

- Die Eingangstür des Gebäudes muß so angelegt sein, daß das Ch'i ungehindert einströmen kann. Bei Firmen, zu deren Eingangstür man über eine nach oben gerichtete Treppe gelangt, sollte der obere Treppenabsatz unmittelbar vor dem Eingang groß genug sein. Auch Pflanzen, Mobiles oder Glocken ziehen Ch'i an. Ein schönes Beispiel für gutes Feng Shui im Eingangsbereich sind Buchsbäumchen, wie man sie oft vor Boutiquen sieht.
- Eingänge, die nur über eine nach unten führende Treppe erreichbar sind, bedürfen besonderer gestalterischer Maßnahmen, damit sie gut sichtbar sind. Vor allem ist eine sehr gute Beleuchtung entscheidend. Da das Ch'i hier sehr stark nach unten fließt, entwickeln sich leicht Sha-Einflüsse, die ausgeglichen werden müssen (siehe hierzu auch Hilfsmittel des Feng Shui, S. 45 ff).
- Drehtüren sind günstig, da sie das Ch'i ins Innere leiten. Weist

Sha-Energie direkt auf einen solchen Eingang, muß nicht ausgeglichen werden, da die Drehtür das Sha neutralisiert und in günstiges Ch'i umwandelt.
- Oberstes Gebot muß es sein, mögliche Sha-Einflüsse aus der Umgebung vom Eingangsbereich abzulenken. Zur Abwehr von „versteckten Pfeilen" eignen sich neben Spiegeln auch glänzende, reflektierende Elemente aus Metall wie zum Beispiel Türgriffe oder Firmenschilder.
- Zu regelrechten „Atembeschwerden" kommt es, wenn der Eingangsbereich zu nah an einem anderen Gebäude liegt oder nahezu von ihm verdeckt wird. Auch hier können gestalterische Maßnahmen (Pflanzen, Farbe etc.) Abhilfe schaffen.

FENG-SHUI-PRAXIS
Wenn ein Gebäude nicht „atmen" kann

Der Chef einer Werbeagentur sagte uns bei einer Firmenanalyse: „Bei uns ist kein Leben in der Bude!" Bei Besichtigung des Betriebes wurde für uns das Problem offenkundig. Die Büroräume befanden sich im Erdgeschoß eines Zweifamilienhauses, das umgeben war von gepflegten Einfamilienhäusern. Die Eingangstür der Agentur lag an der von der Straße abgewandten Seite, genau gegenüber dem Nachbarhaus. Bei dieser Konstellation „huscht" das Ch'i förmlich an der Tür zur Werbeagentur vorbei.

Wir rieten dem Chef, die Gehwegplatten nicht mehr schnurgerade zwischen den beiden Häusern verlaufen zu lassen, sondern sie in einem sanften Bogen auf seine Tür zuzuführen sowie rechts und links davon rotblühende Rhododendronbüsche zu pflanzen. An der Eingangstür wurden eine Glocke mit hellem Klang und ein neues Firmenschild mit roter Umrandung angebracht. Der Erfolg stellte sich bereits nach wenigen Tagen ein, der Laden begann zu laufen.

Um die Orientierung eines Gebäudes oder Raumes festzustellen, stellen Sie sich mit dem Kompaß in der Hand in die geöffnete Haupteingangstür und zwar so, daß Sie von innen nach außen schauen.

Die Ausrichtung der Tür. Laut Feng Shui bestimmt auch die Ausrichtung der Eingangstür (Haupttür, Zimmertür) das Schicksal eines Unternehmens und seiner Mitarbeiter. Je nachdem, in welche Richtung sie sich öffnet (von innen aus gesehen), strömen aus dieser Himmelsrichtung auch die entsprechenden Eigenschaften ein.

Betreten Sie daher ein Gebäude oder einen Raum stets aus Ihrer Glücksrichtung (siehe Tabelle), damit Ihnen diese Energie den Rücken stärkt. Ist die Haupteingangstür für Sie nicht günstig gelegen, dann benutzen Sie einen Nebeneingang. Ist das nicht möglich, so gehen Sie aus einer der Richtungen auf die Tür zu, die Ihnen Glück verspricht. Auch innerhalb Ihrer Firma stärken Sie sich den Rücken, wenn Sie Ihren persönlichen Arbeitsbereich aus der Richtung betreten, die für Sie günstig ist. Empfehlenswert ist es auch, ein I-Ging-Glücksband (siehe S. 55) anzubringen.

Ihre persönliche Glücksrichtung

Geburtszahl	Glücksrichtungen	Ungünstige Richtungen
1	Norden, Osten. Südosten, Süden	Nordwesten, Nordosten, Südwesten, Westen
2	Nordwesten, Nordosten, Südwesten, Westen	Norden, Osten, Südosten, Süden
3	Norden, Osten, Südosten, Süden	Nordosten, Südwesten. Westen, Nordwesten
4	Norden, Osten, Südosten, Süden	Nordosten, Südwesten, Westen, Nordwesten
6	Nordosten, Südwesten, Westen, Nordwesten	Osten, Südosten, Süden, Norden
7	Nordosten, Südwesten, Westen, Nordwesten	Norden, Osten, Südosten, Süden
8	Nordosten, Südwesten, Westen, Nordwesten	Norden, Osten, Südosten, Süden
9	Norden, Osten, Südosten, Süden	Nordosten, Südwesten, Westen, Nordwesten

Die Fenster

Fenster sind die „Augen" eines Gebäudes. Zeigen sie sich blind und schmutzig, ist überdies noch irgendwo ein Glas zerbrochen und nur notdürftig geflickt worden, sind mit ziemlicher Sicherheit auch die Aussichten für das Unternehmen eher trübe.

Das gilt in besonderem Maße für Schaufenster. Sie schaffen eine Verbindung von innen nach außen und umgekehrt. An ihnen liest der potentielle Kunde ab, was ihm angeboten wird. Deshalb sollten die Fenster nicht nur stets gut geputzt, sondern auch die Auslagen in ansprechender Form dargeboten werden. Achten Sie aber auch darauf, Sha-Einflüsse, die von außen auf das Fenster wirken können, abzuwenden.

In vielen Geschäften bietet es sich an, die Auslage nach dem Schöpfungszyklus der Elemente zu gestalten so zum Beispiel in Gemüse- und Blumengeschäften. Das manchmal auch „versteckte Pfeile" positiv wirken können, weil sie die Blicke des Betrachters auf die Ware lenken zeigen die Abbildungen rechts und unten.

„Versteckte Pfeile" (oben in Form von herabhängenden Kristallen, unten als Dekorationselement) lenken den Blick auf das Warenangebot. Achten sie jedoch darauf, daß die Pfeile nicht auf den Betrachter gerichtet sind.

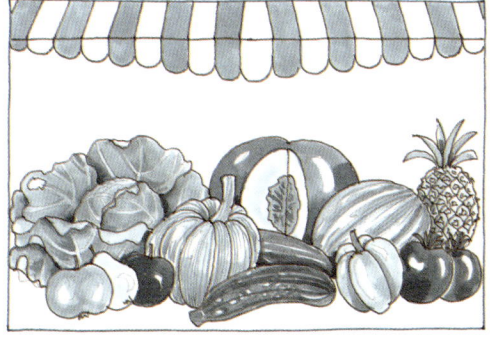

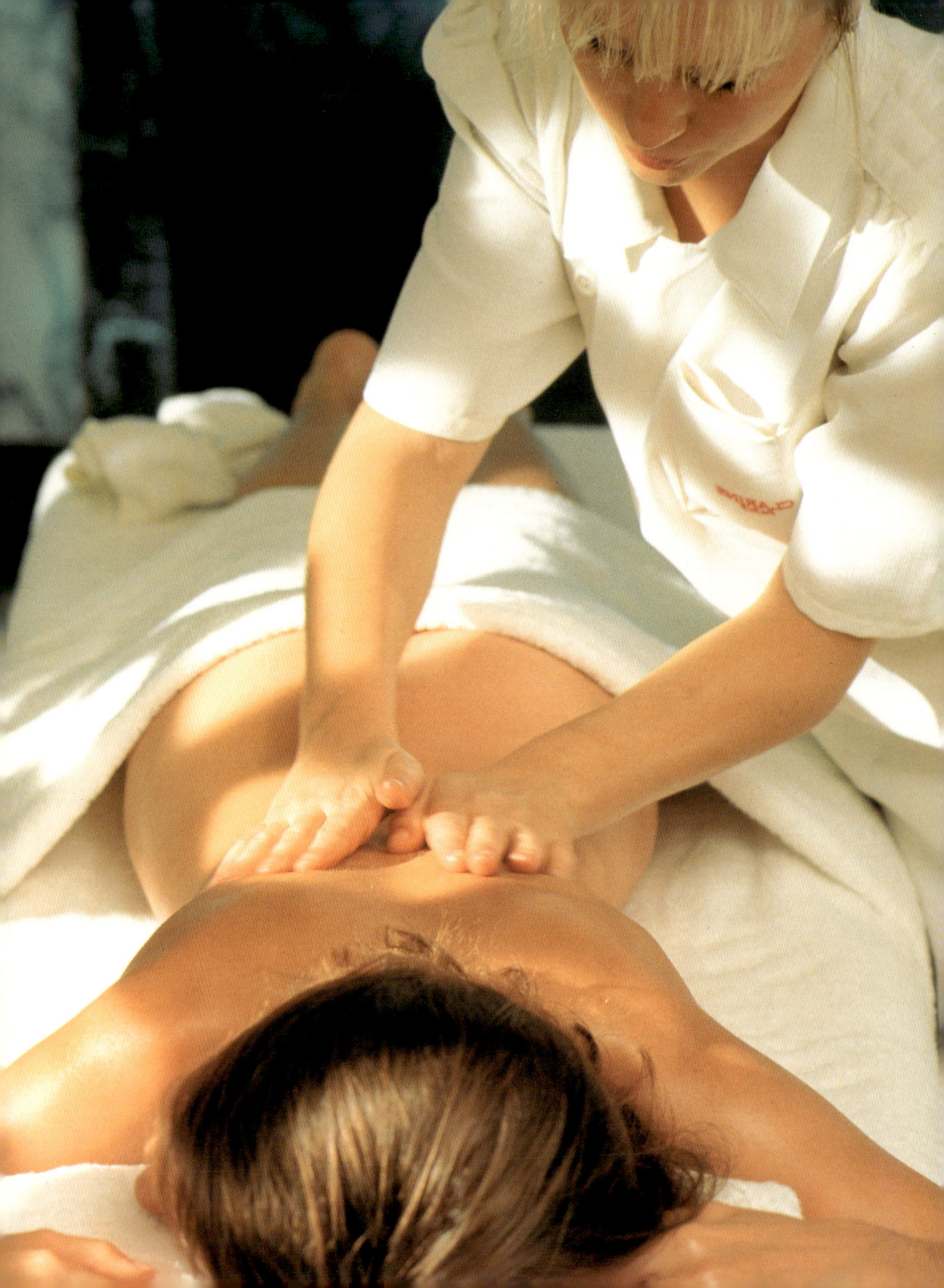

Beispiele: Feng Shui in der Arbeitswelt

Nachdem wir bisher auf die wichtigsten Fragen zur Lage und Umgebung von Unternehmen eingegangen sind, wenden wir uns den Innenräumen zu. In diesem Kapitel werden wir unter anderem über Praxen und Geschäfte, Kaufhäuser und Cafés, Restaurants und Banken schreiben, aber auch über das Büro zu Hause oder unterwegs. Auch wenn wir in diesem Buch nicht alle unterschiedlichen Arbeitsbereiche behandeln können, so bieten Ihnen die nachfolgenden Beispiele doch genügend Anhaltspunkte für die Gestaltung Ihres Arbeitsplatzes.

Abb. links:
Nicht nur für Massage- und Arztpraxen bietet Feng Shui wertvolle Gestaltungsratschläge. Ladengeschäfte und Restaurants profitieren davon ebenso wie das Büro.

Die Arztpraxis

Beginnen wollen wir mit einem unserer Klienten, dem Zahnarzt Dr. Thomas P. Wir greifen diesen Fall auf, weil sich an seinem Beispiel besonders gut demonstrieren läßt, wie wir die Feng-Shui-Theorie mit ihren vielfältigen Möglichkeiten in die Arbeitswelt übertragen können.

Dr. P. möchte eine Zahnarztpraxis eröffnen. In einem soeben erbauten Ärztezentrum stehen dafür mehrere Räumlichkeiten zur Auswahl. Auf unserer Skizze (S. 92) sehen Sie nun den Grundriß der Praxis, für die er sich entschieden hat. Neben dem sehr harmonischen, rechteckigen Grundriß war für ihn vor allem auch die Orientierung der Eingangstür ausschlaggebend. Vollziehen wir nun im einzelnen die Schritte nach, die Herrn Dr. P. zu seiner Wahl geführt haben.

1 Empfangstheke
1a Springbrunnen
2 Röntgenraum
2a Röntgengerät
3 Warteraum
3a Kinderspielecke
4 WC
5 Bad
6 Küche
7 Labor
8 Behandlungsraum 1
9 Behandlungsraum 2

Dr. P. wurde am 10.4.1960 geboren. Er plant die Praxis ohne Partner zu führen und möchte sie deshalb seinem persönlichen Element entsprechend gestalten. Laut der Jahres- und der Monatstabelle (S. 65/66) ergibt sich die Geburtszahl 6. Sie wiederum entspricht dem Trigramm Ch'ien und der Himmelsrichtung Nordwesten. Und genau hier liegt auch der Eingang der Praxis.

Da in einer Zahnarztpraxis ganz verschiedene Tätigkeiten anfallen (Empfang der Patienten, Abrechnungen und andere Routinearbeiten, die eigentliche Behandlung, Laborarbeiten, Röntgen usw.), haben wir die Räume den Eigenschaften der günstigsten Trigramme zugeordnet.

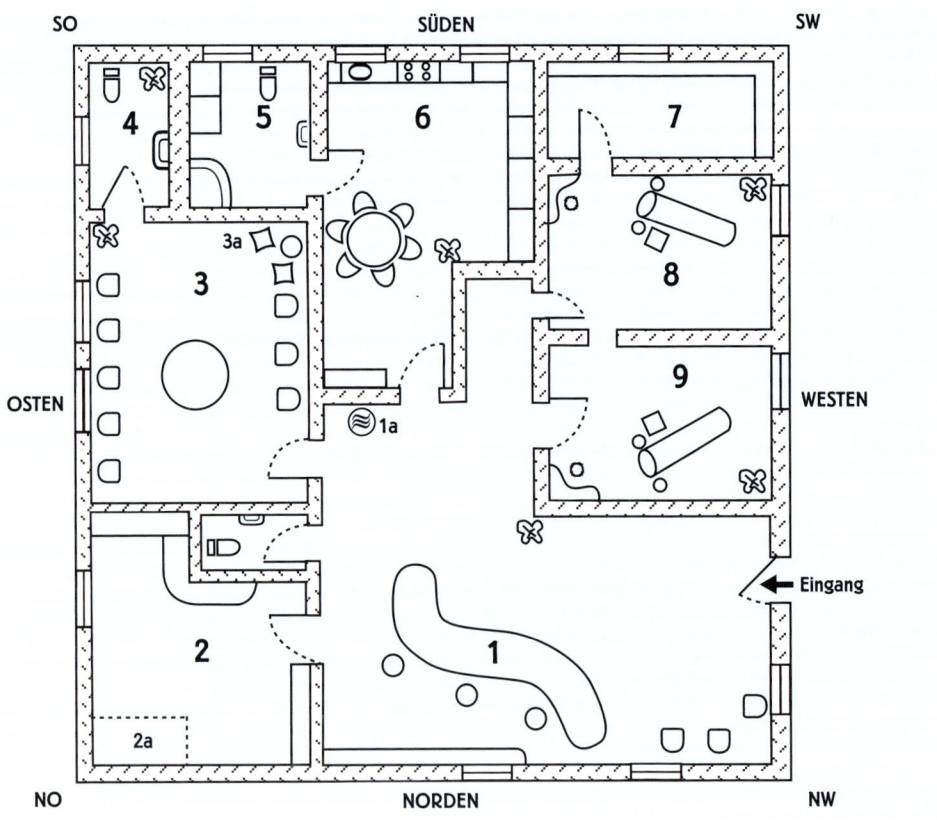

Eingang. Die Patienten betreten im Nordwesten die Praxis und steuern direkt auf die sanft gerundete Empfangstheke (1) zu.

Empfang. Im nördlichen Bereich der Emfangstheke befinden sich die Unterlagen, die für die tägliche Schreibarbeit benötigt werden. Das Trigramm K'an unterstützt hier die Zahnarzthelferin mit seiner Energie bei dieser ja oft etwas eintönigen Tätigkeit. Hier stehen auch Drucker und Kopierer.

Röntgenraum (2). Der nordöstliche Bereich der Praxis steht unter dem Zeichen von Ken (Berg, Sicherheit, Schutz). Hier läßt sich das Röntgengerät sicher aufstellen.

Wartezimmer (3). Es liegt im Osten. Diese Himmelsrichtung symbolisiert die Entwicklung (Chen) – und für den Zahnarzt heißt das: Er wird stets einen guten Patientenzustrom haben.

WC (4) und Bad (5). Sie sind im Feng Shui ein Problem, denn sie stehen für Verschmutzung und daher unter Sha-Einfluß. Die alten Chinesen umgingen dieses Problem, indem sie ihre Notdurft außerhalb des Hauses verrichteten. Für uns ist das natürlich keine Lösung. Dieser sensible Bereich wurde in der Arztpraxis in den Südosten verlegt. Die Energie des dafür „zuständigen" Trigramms Sun stimmt damit in etwa überein (Veränderung der Form).

Küche (6). Sie befindet sich im Süden. Hier werden kleine Mahlzeiten und der Pausentee eingenommen. Die Richtung ist gut gewählt, denn sie symbolisiert das Element Feuer (Li).

Behandlungsräume (8,9) und Labor (7). Sie sind im südwestlichen und westlichen Sektor der Praxis untergebracht. Das Trigramm K'un symbolisiert unter anderem Heilung und Regeneration, aber auch Wachstum im geschäftlichen Sinne. Tui (Westen) steht für den Wandel des Wissens, also auch die Umsetzung des theoretischen Wissens in die Praxis, ideal also für unseren Zahnarzt, der nun hoffentlich erfolgreich das anwendet, was er gelernt hat.

Nachdem Dr. P. die günstigste Raumaufteilung für seine Praxis gefunden hat, unterzog er den Gesamtgrundriß einer Bagua-Analyse. Dank des rechteckigen Grundrisses ergaben sich keine Fehlbereiche. Wichtig ist ihm diese Analyse jedoch vor allem, um den Bereich des Tai Ch'i zu lokalisieren. Dieses „Herz der Praxis" aktivierte er mit einem Wasserspiel, bestehend aus einem Bergkristall, an dem das Wasser sanft herabfließt.

Danach erfolgte die Bagua-Analyse für jeden einzelnen Raum. Fehlbereiche, die sich zum Beispiel in der Küche und im Röntgenraum im Bereich der „Mentoren" ergaben, glich er – soweit möglich – aus, ohne aber dabei in allzu starre Muster zu verfallen. Feng Shui bedeutet ja auch, Schwerpunkte zu setzen, und das hatte er mit der Aktivierung des Tai Ch'i bereits auf sehr wirksame Weise getan. Wichtig waren Dr. P. natürlich vor allem die Behandlungszimmer. In Raum 1 ist die Behandlungsliege so positioniert, daß sich der Kopf des Patienten im Bereich „Gesundheit" befindet. In Raum 2 steht die Liege im Bereich „Kinder". Sie wurde deshalb dort aufgestellt, weil es wichtig ist, daß der Rücken des Patienten möglichst geschützt ist. Und natürlich werden in diesem Raum auch bevorzugt Kinder und Jugendliche behandelt.

Objekte mit runden, weichen Formen, auf die der Blick des Patienten fällt, schaffen eine entspannte Atmosphäre und wirken sich günstig auf die Behandlung aus. Eine Duftlampe mit ein paar Tropfen Lavendel- oder Lapislazuli-Essenz unterstützt diese Wirkung ebenfalls.

Zuletzt noch eine Anmerkung zur Farbgestaltung. Bei Dr. P. dominieren helle Farbtöne; Akzente werden mit Blau und Grün gesetzt. Bewußt vermieden wurde in den den Patienten zugänglichen Räumen die Farbe Rot. Sie wirkt anregend und könnte ohnehin schon nervöse Personen noch mehr aufregen. Für die Sitzecke in der Küche hingegen ist Rot als „Energielieferant" durchaus angemessen.

Generelles über Praxen. Wir haben dem vorangestellten Beispiel soviel Raum gegeben, um Schritt für Schritt eine vollständige Feng-Shui-Analyse nachvollziehbar zu machen. Falls Sie – im Gegensatz zur Praxis von Dr. P. – nur einen Behandlungsraum zur Verfügung haben, dann folgen Sie der Bagua-Analyse auf Seite 68. Nachfolgend nun einige Empfehlungen, die auch für die Gestaltung anderer Praxen Gültigkeit besitzen:

FENG SHUI IN DER ARBEITSWELT

Liebevolle und geduldige Zuwendung nimmt Kindern die Angst vor einer ärztlichen Behandlung. Auch die Gestaltung der Praxisräume sollte den Bedürfnissen der kleinen Patienten Rechnung tragen.

Arztpraxen allgemein. Für die Farbgebung empfiehlt sich vorwiegend die Farbe Weiß. Als Farbakzente bieten sich Grün in allen Schattierungen, aber auch Blaugrün an. Im Wartezimmer könnte ein Aquarium eine entspannte Atmosphäre schaffen. Gleichzeitig sorgt das bewegte Wasser für einen guten und dauerhaften Patientenzustrom.

Krankengymnastik. In dieser Praxis steht die Regeneration der Patienten im Vordergrund, die durch gezielte Aktivität erreicht werden soll. Hier kann daher die Farbe Rot punktuell eingesetzt werden, etwa bei den Gymnastikgeräten, bei Postern, Bildern oder blühenden Pflanzen.

Psychotherapie. Hier geht es darum, daß sich der Patient öffnet und Verborgenes und Verdrängtes (Trigramm K'an) ans Tageslicht kommt. Geeignet sind hier in Abstufungen die Farben Schwarz

Ein Wandspiegel sollte sich nach Möglichkeit nie in unmittelbarer Umgebung der Behandlungsliege befinden. Die reflektierte Energie des Spiegels stört Sie und Ihren Patienten.

und Weiß, Dunkelblau und Grün. Eine harmonisch geschwungene Liege, die das Element Wasser vertritt, ist ebenfalls empfehlenswert.

Kosmetikstudios wählen am besten die Grundfarbe Weiß. Als Akzente eignen sich Abstufungen der Farbe Rot (Bordeauxrot, Rosa, aber auch ein zartes Orange). Natürlich könnten diese Farbakzente durchaus auch entsprechend dem persönlichen Element gesetzt werden.

Geschäfte, Restaurants

Abb. rechts: Nicht jedes Restaurant verfügt über so großzügige Räumlichkeiten wie das nebenstehend gezeigte. Hier fügt sich die Anordnung der runden Tische und der sanft geschwungenen Stühle organisch in den Grundriß des Raumes ein. Aber auch bei weniger idealen Voraussetzungen läßt sich mittels Feng-Shui-Hilfsmitteln einiges bewirken.

Wichtige Kriterien, die bei der Wahl geeigneter Räumlichkeiten zu berücksichtigen sind, insbesondere was die Lage des Geschäftes und die Ausrichtung der Eingänge anlangt, haben wir Ihnen ja bereits erläutert. Bei der großen Anzahl unterschiedlicher Branchen, können wir Ihnen hier nur stichpunktartig Anregungen für die Gestaltung der Geschäftsräume geben.

Spielwaren. Für diese Geschäfte sind Holzeinrichtungen, die mit den Farben Grün und/oder Blau kombiniert werden, zu empfehlen. Aber auch Gelb und Weiß schaffen eine gute Atmosphäre. Ein originelles Beispiel für das Feng-Shui-Hilfsmittel „Bewegtes Wasser", das Reichtum und Fülle verheißt, fanden wir vor einem Spielwarengeschäft in unserer Nachbarstadt: ein Plüschbär, der vor dem Laden sitzend beständig Seifenblasen in die Luft pustete.

Schmuck. Juweliere sollten unbedingt auf die Farbe Grau verzichten, weil sie das Berufselement Metall schwächen würde.

Lebensmittel. Supermärkte können ihre Umsätze steigern, wenn sie Farbakzente in Orange- oder Ockertönen setzen, weil sie den Appetit anregen und den Einkaufskorb füllen.

Weinhandlungen. Sie sind nicht nur aus pragmatischen Gründen

gut beraten, ihre Ware in hohen, schmalen (Holz-!) Regalen anzubieten. Diese Form repräsentiert den nach oben strebenden Weinstock und fördert den Umsatz. Besonders geeignet ist die Farbe Hellgrün, vermieden werden sollte die Farbe Rot.

Kaufhäuser. Sie sollten so eingerichtet sein, daß keine „Energieautobahnen" durch übermäßig lange Regalreihen entstehen.

Restaurants. Das Herz eines Restaurants ist die Küche, die dem Element Feuer zugeordnet ist. Deshalb sind auch viele Gasthäuser, deren Einrichtung in Rottönen gehalten ist, so erfolgreich. Die Beleuchtung sollte nicht nur für eine angenehme Atmosphäre sorgen, der Gast muß auch erkennen können, was er auf dem Teller liegen hat. Achten Sie bei der Anordnung der Tische darauf, daß kein Gast die Ecke des Nachbartisches oder gar das WC im Rücken hat. Eine schöne Tischdecke entschärft die Ecken und Kanten von Tischen nahezu ideal. Nebenbei: Ist es Ihnen schon aufgefallen, daß in vielen Restaurants das Besteck häufig in Servietten gewickelt gereicht wird? Ein wirklich schönes Beispiel für intuitives Feng-Shui, denn auf diese Weise werden Messer und Gabel „entschärft". Nicht nur für Restaurants, sondern auch für die eigene Küche gilt: Gemäß der Feng-Shui-Regel „Wasser löscht Feuer" sollte der Herd nie unmittelbar neben der Spülmaschine, dem Waschbecken oder dem Gefrierschrank stehen. Läßt sich dies jedoch nicht vermeiden, so können Sie durch das vermittelnde Element Holz einen Ausgleich schaffen.

Cafés. Sie werden nachmittags am häufigsten besucht. Ihr Umsatz profitiert von verschiedenen Rotabstufungen ebenso wie von Gelb, Ockertönen oder Orange, die mit Weiß kombiniert werden können.

Bars. Sie und verschiedene andere Gaststätten machen abends ihr Hauptgeschäft. Die passende Farbe ist deshalb Dunkelblau oder Schwarz in verschiedenen Abstufungen. Die Beleuchtung sollte etwas gedämpfter sein, da sich die Gäste bereits auf den Abend eingestellt haben. Gut für den Umsatz sind günstig angebrachte Spiegel sowie Aquarien.

Rolltreppen verursachen in ihrer Umgebung eine unruhige Atmosphäre. Nach unten führende Rolltreppen werden durch Säulenelemente ausgeglichen, die die nach oben strebende Energie verkörpern. Kugelformen – vor nach oben führende Rolltreppen plaziert – verhindern Ch'i-Verlust.

Das Büro

Es gibt in unserer Zeit kaum ein Unternehmen, so klein es auch sein mag und in welcher Branche auch immer, das ohne Büro auskommt. Wir haben diesem Arbeitsbereich in unserem Buch deshalb einen besonderen Stellenwert eingeräumt.

Der Schreibtisch. Kernstück eines jeden Büros ist der Schreibtisch. Schon an der Größe und Beschaffenheit dieses Möbelstücks und seiner Positionierung im Raum läßt sich in vielen Fällen erkennen, mit wem man es bei seinem Benutzer bzw. Besitzer zu tun hat. Und natürlich sagt auch die dort herrschende (Un-) Ordnung einiges über ihn aus.

Wie Sie ja nun schon wissen, können eventuelle Unzulänglichkeiten Ihres Arbeitsumfeldes – die zum Beispiel durch Fehlbereiche entstehen – über das Schreibtisch-Bagua ausgeglichen werden. Zunächst aber wird es darum gehen, wie Sie Ihren Schreibtisch nach Feng-Shui-Kriterien aufstellen sollen.

- Generell sollte ein Schreibtisch immer so plaziert sein, daß Sie einen guten Überblick über das Zimmer haben. Falls möglich, dann richten Sie ihn in Ihrer persönlichen Glücksrichtung (siehe S. 88) aus.
- Damit Ihnen „der Rücken gestärkt" wird, stellen Sie Ihren Schreibtisch so, daß Sie eine geschlossene Wand hinter sich haben. Wenn sich das nicht einrichten läßt, kann er auch diagonal in eine Ecke gestellt werden. Sorgen Sie dann aber dafür, daß die Energie der Ecken über eine Pflanze oder ausreichende Beleuchtung aktiviert wird.
- Vermeiden Sie es, zwischen Tür und Fenster zu sitzen, ebenso zwischen Fenster und Fenster. Sie befinden sich dann nämlich mitten auf einer „Energieautobahn". Gleichen Sie auch andere Sha-Einflüsse, zum Beispiel eventuell vorhandene „versteckte Pfeile", aus.
- Bei Schreibtischen empfehlen wir eine Höhe von 81 bis 85 cm.

Wie oft bleibt vor Feierabend vieles unerledigt. Erst am Abend kommt man dazu, die Arbeit abzuschließen. Achten Sie jedoch immer darauf – auch wenn es spät wird – Ihren Schreibtisch aufzuräumen, damit Sie am nächsten Tag unbelastet die Arbeit beginnen können.

Dies entspricht den Feng-Shui-Maßen „Ursprung und Einheit" (siehe S. 56). Glückbringend ist eine Länge von 1,73 m bis 1,77 m und eine Breite von 1,02 m bis 1,06 m. Natürlich können Sie auch andere Feng-Shui-Maße verwenden. Um eine bequeme Arbeitshöhe zu erzielen, verändern sie die Höhe des Schreibtischstuhls und/oder stellen ihn auf eine Matte.

- Vorteilhaft sind Schreibtische mit abgerundeten Ecken und Kanten. Winkelkombinationen gelten aus Feng-Shui-Sicht als nicht so günstig, können aber, wie L-förmige Raum- oder Gebäudegrundrisse, in zwei Bagua-Bereiche geteilt und entsprechend aktiviert werden (siehe S. 71).
- Achten Sie darauf, daß Ihr Schreibtisch immer aufgeräumt ist. Berge unerledigter Arbeit blockieren nicht nur den Arbeitsplatz, sondern lenken leicht vom Wesentlichen ab und lassen viele Menschen konfus und unkoordiniert agieren. Schaffen Sie sich ein sinnvolles Ablagesystem und sorgen Sie für genügend Schrank- und Regalplatz in Ihrer Nähe.

FENG SHUI IN DER ARBEITSWELT

Die Bedeutung der Farben. Farben können uns bei der Arbeit unterstützen, aber auch hemmen und ablenken. Welche Farben für welches Büro günstig sind, hängt von der Art der Tätigkeit und/oder dem Berufszweig (siehe S. 74/75) und natürlich auch von der oder den darin arbeitenden Personen ab (persönliche Farbelemente siehe S. 31/32).

Generell sollte ein Büro natürlich hell und freundlich gestaltet werden. Günstig für Medienberufe ist zum Beispiel die Farbe Türkis (fördert die Kommunikation); Immobilienfirmen und Buchhaltungsbüros profitieren von den Farben Gelb und Weiß, da sie dem Element Erde sehr nahe sind.

Nur wenige können die Farbgebung ihres Büros frei bestimmen. Sie können aber die für Sie günstigste Farbe (die Ihres Elementes oder die ihm im Schöpfungszyklus vorausgehende) mit Accessoires in Ihr Arbeitsumfeld einbringen. Unserer Erfahrung nach sind es

Nicht nur die Ecken von offenen Regalen, sondern auch deren Einlegeböden senden störende Sha-Energie aus, wenn sie in Ihre Richtung zeigen. Um dies abzuwenden, können Sie die Regale mit Textil-, Bast- oder Bambusrollos versehen. Schränke mit Türen sind in jedem Fall vorzuziehen.

häufig gerade die kleinen Änderungen die große Wirkung zeigen: Ein Kissen etwa in der Farbe des Elements, das Ihr persönliches Element erzeugt. So werden Sie bei der Arbeit genährt und verlieren das Wesentliche nicht aus den Augen.

Das Einzelbüro. Am Beispiel des Arbeitsplatzes von Victor W., Abteilungsleiter eines großen Möbelunternehmens, wollen wir Ihnen nun zeigen, wie Sie Ihr Büro nach Feng-Shui-Kriterien optimal gestalten und die Mängel eines Raumes ausgleichen können.

Auch hier haben wir mittels Bagua eine Analyse (S. 68) durchgeführt und zwar zunächst im Raummaßstab (Bezugspunkt: Eingangstür)

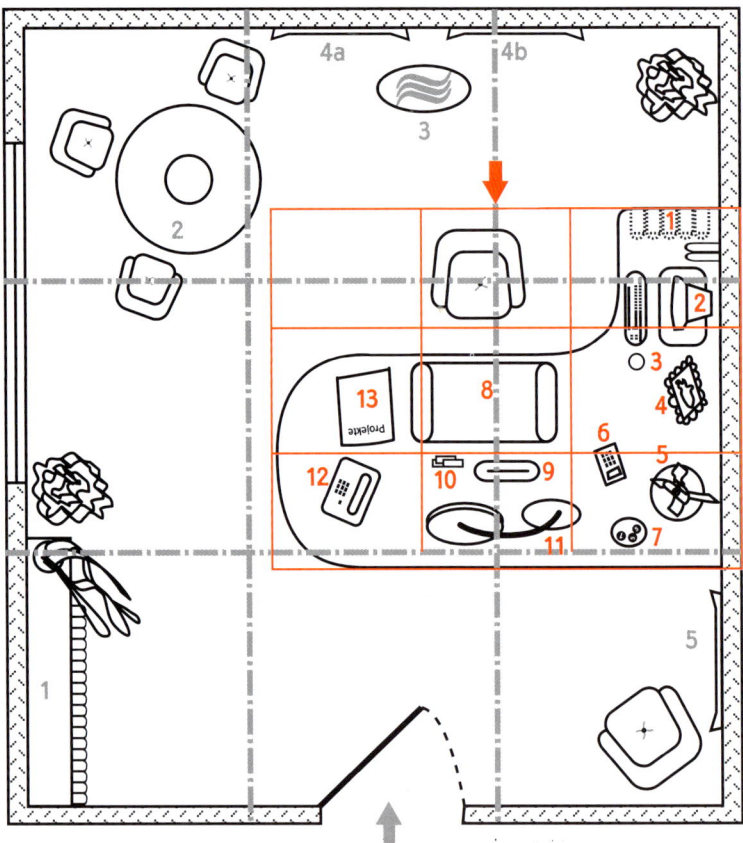

Schreibtisch-Bagua:(rot)
1 Bücher
2 Computer
3 Mineralwasserflasche und -glas
4 Familienfoto
5 Bonsai-Bäumchen
6 Taschenrechner
7 Glücksmünzen
8 Schreibtischunterlage
9 Füllfederhalter
10 Visitenkarten
11 Arbeitslampe
12 Telefon
13 Projektmappe

Raum-Bagua:
1 Bücherregal
2 Besuchertisch und -stühle
3 Springbrunnen
4a und 4b Grafiken
5 Portrait des Mentors

und dann für den Schreibtisch (Bezugspunkt: Sitzplatz). Beide Energiezonen bilden in sich geschlossene Einheiten. Dem Mikrokosmos Schreibtisch entspricht sozusagen der Makrokosmos Zimmer.

Das Schreibtisch-Bagua. Nach Feng-Shui-Kriterien ist ein einfacher, rechteckiger Schreibtisch besonders günstig, denn diese Form erlaubt eine gleichmäßige Aktivierung über das Bagua. Heute ist jedoch kaum noch ein Büroarbeitsplatz ohne Computer denkbar, und daher sind Schreibtische in Winkelform weit verbreitet. So auch im vorliegenden Fall.

Da der Raumgrundriß sehr harmonisch angelegt ist, entscheidet Herr W., seinen Schreibtich als Ganzes einer Bagua-Analyse zu unterziehen, analog zur Analyse von L-förmigen Grundrissen (siehe S. 71). Ausgangspunkt ist der Sitzplatz, an dem er die meiste Zeit verbringt. Er sitzt im Karrierebereich; seine Schreibtischunterlage liegt direkt im Energiezentrum Tai Ch'i. Aus dieser Blickrichtung betrachtet entspricht der Computertisch der Wissensecke, während der Bereich der „hilfreichen Freunde und Mentoren" gänzlich fehlt. Dieser Fehlbereich muß also über das Raum-Bagua ausgeglichen werden. Betrachten wir nun die Bagua-Bereiche des Schreibtisches im einzelnen:

Wissen: Hier stehen nicht nur der Computer (2), sondern im Regal (1), das den Abschluß dieser Seite bildet und als Stütze der Tischplatte dient, eine Reihe von Nachschlagewerken, die Herr W. häufig zu Rate zieht.
Familie und Gesundheit: Dieser Bereich befindet sich links neben dem Sitzplatz von Herrn W.; hier stehen das Foto seiner Ehefrau (4) und ein Glas Mineralwasser (3).
Reichtum: Dieser Bereich wird auf dem Schreibtisch von einem Bonsai-Bäumchen (5) eingenommen. Hier ist natürlich auch der Platz für den Taschenrechner (6) und – als Glücksbringer – für ein paar Münzen in einer Kupferschale (7).
Ruhm und Anerkennung: Vor der Schreibtischunterlage (8) liegen die Visitenkarten (10) von Herrn W. und ein wertvoller Füller

(9). Auch die Schreibtischlampe (11) steht im Bereich „Ruhm", der durch die rote Farbe des Schirmes zusätzlich aktiviert wird.
Beziehung, Partnerschaft: Hier hat das Kommunikationsmittel Nummer eins seinen Platz: das Telefon (12).
Kinder: An dieser Stelle finden sich Unterlagen zu einem Projekt (13), das der Abteilungsleiter vor kurzem aus der Taufe gehoben hat und das hoffentlich schnell wachsen und Früchte tragen wird.

Das Raum-Bagua. Die Skizze auf Seite 102 ist aus der Blickrichtung eines Besuchers angelegt, der das Zimmer betritt: Er steht in der Eingangstür, dem Bezugspunkt der Bagua-Analyse für diesen Raum. Sehen wir uns nun in diesem Zimmer um, in dem die für die Karriere von Herrn W. besonders wichtigen Bereiche aktiviert wurden:

Wissen: Weil Herr W. zur Zeit ein Abendstudium absolviert, ist ihm dieser Bereich ganz besonderes wichtig. Ebenso wie in der Wissensecke seines Schreibtisches befindet sich auch hier ein Bücherregal (1), in dem er Fachliteratur untergebracht hat.
Reichtum: In dieser Ecke stehen Tisch (2) und Stühle für Geschäftspartner bereit.
Ruhm und Anerkennung: Um diesen Bereich zu aktivieren, aber auch um ein gutes Raumklima zu schaffen, wurde ein Springbrunnen (3) aufgestellt und an der Wand darüber zwei in Rottönen gehaltene Grafiken (4a, 4b) aufgehängt, die dem Raum eine harmonische Atmosphäre verleihen.
Hilfreiche Freunde/Mentoren: In diesem Bereich hat Herr W. den Ausgleich geschaffen für den Fehlbereich seines Schreibtisches: Hier hängt das Portrait eines namhaften und von ihm sehr bewunderten Wirtschaftswissenschaftlers (5).

Betrachten wir nun den Raum in seiner Gesamtheit, dann fallen noch weitere Feng-Shui-Maßnahmen auf, die Herr W. bei der Einrichtung seines Büros vorgenommen hat: Sein Arbeitsplatz befindet sich im Energiezentrum des Raum-Baguas und er hat – wie im Feng Shui empfohlen – hinter sich eine Wand, die ihm „den

---

Wenn Sie vermeiden wollen, daß Ihnen die Arbeit über den Kopf wächst, weil sie sich quasi „von selbst vermehrt", dann sollten Sie Unerledigtes nicht im „Kinder"-Bereich (rechte Seite Ihres Schreibtisches) horten. Angelegenheiten, um die Sie sich kümmern sollten, die also Ihrer „Fürsorge" bedürfen, sind im Bereich „Familie und Gesundheit" (linke Seite Ihres Schreibtisches) gut aufgehoben, sollten aber so rasch wie möglich erledigt werden.

Rücken stärkt". Auch die Möbel mit ihren abgerundeten, weichen Formen sind nach Feng-Shui-Kriterien ausgewählt. Kanten und Ecken, die sich nicht immer vermeiden lassen, wurden durch Pflanzen gemindert.

Vieles an diesem Beispiel mag Ihnen konstruiert erscheinen, denn nur wenige von uns werden die Möglichkeit haben, einen Raum, der zudem schon die idealen Voraussetzungen mitbringt (rechteckiger Grundriß, Tür und Fenster liegen einander nicht gegenüber) in der beschriebenen Weise gestalten zu können. In den nachfolgenden Beispielen erläutern wir Ihnen, wie Sie schon mit kleinen Maßnahmen Ihren Büro-Arbeitsplatz optimieren können, auch wenn Sie keinen eigenen Raum zur Verfügung haben.

Das Gemeinschaftsbüro. Nur wenige sind Abteilungsleiter und sitzen in einem Chef- oder Einzelzimmer. Wenn Sie Ihr Büro mit Kolleg/inn/en teilen, dann wird es nicht möglich sein, dem Raum Ihre eigene Note zu verleihen. Um Top-Leistungen zu erbringen, geht es hier vor allem um die Stärkung Ihrer Persönlichkeit in dem kleinen Bereich, der Ihnen zur Verfügung steht.

Wie im vorangegangenen Beispiel beschrieben, können auch Sie mit dem Schreibtisch-Bagua arbeiten. Haben Sie ein gutes Verhältnis zu Ihren Kolleg/inn/en, dann sind auch gemeinsame Feng-Shui-Maßnahmen möglich. Stellen Sie hierfür das persönliche Element eines jeden einzelnen fest, überprüfen Sie ihre Beziehungen zueinander und gleichen Sie eventuell vorhandene Disharmonien zwischen den Elementen durch Materialien, Farben und Feng-Shui-Hilfsmittel aus.

Doch nicht immer herrscht am Arbeitsplatz ein gutes Klima. Der Wind ist eisiger geworden und der Konkurrenzdruck groß. Auch in solchen Situationen gilt wieder vor allem der Grundsatz: Stärken Sie sich selbst, aber versuchen Sie nicht, den anderen zu schwächen, denn aggressives Feng Shui fällt stets auf den Angreifer zurück.

Folgendes sollten Sie beherzigen, wenn Sie Ihr Büro mit mehreren Personen teilen:

- Achten Sie darauf, daß Sie möglichst nicht mit dem Rücken zur Tür oder den Kollegen sitzen. Wenn Sie das nicht ändern können, stellen Sie sich einen kleinen Spiegel auf den Tisch, der Ihnen einen Blick nach hinten ermöglicht. Auch würde Ihnen ein an der Rückenlehne befestigtes Kissen in einer für Sie günstigen Farbe den Rücken stärken.
- Wenn Sie sich ihrem Gegenüber unterlegen fühlen oder gar von Mobbing betroffen sind, hier ein kleiner Tip: Einer Finanzbeamtin, die in eben dieser Situation war, rieten wir, sich einfach größer zu machen, als sie sich gerade fühlte. Wir empfahlen ihr ein Keilkissen, das zugleich auch noch gut für den Rücken ist. Außerdem rieten wir ihr, den Stuhl höher zu drehen. Nun schaute sie auf den Kollegen herab und war optisch in der günstigeren Position – ein gerechter Ausgleich.
- Vermeiden Sie es, Ihren Schreibtisch mit Blick aus dem Fenster zu positionieren. Die Sonne könnte Sie blenden und ein Ihnen gegenüber sitzender Gesprächspartner wäre damit in der besseren Position. Sie sollten stets die Sonne im Rücken haben.

Nichts leichter, als jemanden mit Mobbing zu schikanieren, der sich ohnehin schon klein und unscheinbar fühlt. Geben Sie Ihre Opferhaltung auf und stärken Sie Ihre Persönlichkeit, indem Sie Ihr Element in das Arbeitsumfeld einbringen.

Das Großraumbüro. Ein Großraumbüro auf die individuellen Belange aller dort Arbeitenden abzustimmen, ist sicher nicht möglich. Hier geht es neben der Stärkung des jeweils persönlichen Elements vor allem um einen ausgewogenen Energiefluß. Deshalb wollen wir an dieser Stelle noch ein paar Feng-Shui-Tips zur Gestaltung solcher Büros geben.

Günstig ist eine Anordnung der Schreibtische in Gruppen, die über das gesamte Großraumbüro verteilt sind. Ideal ist es, diese Arbeitsgruppen gegenüber den anderen abzugrenzen (mit Pflanzen, Raumteilern etc.), so daß kleine Arbeitsinseln entstehen. In typischen Schreibbüros finden wir diese Anordnung selten. Die Tische stehen oft wie Soldaten in einer Reihe ausgerichtet. Auch hier empfehlen wir, mit Pflanzen den Trennwänden und Tischen die Schärfe zu nehmen.

Schöne Arbeitsgeräte fördern nicht nur den Spaß an der Arbeit. Entsprechen Sie in Form und Farbe Ihrem persönlichen Element, dann sind sie auch als Feng-Shui-Hilfsmittel einsetzbar.

Der Konferenzraum. Auf die Gestaltung des Konferenzraumes können Sie in aller Regel noch weniger Einfluß nehmen als auf die Einrichtung Ihres Arbeitsplatzes. An dieser Stelle dennoch einige Hinweise. Idealerweise führt in den Konferenzraum nur eine Tür. Der Tisch ist abgerundet, oval, auch mehrere Tische kreisförmig angeordnet sind geeignet. Die Rückenlehnen der Stühle sind geschlossen. Eine günstige Polsterfarbe wäre Graublau oder Blau, da sie die Kommunikation unterstützt
.

Warum wir Ihnen das alles erzählen, wenn doch die meisten Konferenzräume eben nicht nach diesen Kriterien gestaltet sind? Ganz einfach: Sie können als Besprechungs- oder Konferenzteilnehmer zwar den Raum nicht verändern, wohl aber in vielen Fällen Ihre Sitzposition wählen. Setzen Sie sich nie mit dem Rücken zur Tür und vermeiden Sie es nach Möglichkeit, sich auf einer „Energieautobahn" (zwischen Tür und Fenster) niederzulassen. Ein Stuhl mit geschlossener Rückenlehne ist gut; noch besser ist es, eine Wand im Rücken zu haben. Beides sorgt für „Rückendeckung" und Unterstützung. Und natürlich gilt auch im Konferenzraum: Stärken Sie Ihre Energie, indem Sie zum Beispiel Ihren eigenen

Füllfederhalter oder Kugelschreiber mitbringen, der in Form, Farbe und Material Ihrem Element entspricht.

Das Büro für unterwegs. Viele von uns verbringen mehr Arbeitszeit im Auto als im Büro. Das betrifft nicht nur Berufsfahrer und Vertreter, sondern auch Handwerker, Angestellte von Versicherungen, Journalisten und viele andere Berufe. Für sie alle haben wir einige spezielle, auf das Auto abgestimmte Feng-Shui-Tips zusammengestellt:

- Natürlich ist es auch im Auto günstig, Ihr persönliches Element in Form von Farben zu stärken. Achten Sie jedoch darauf, daß Sie den Innenraum des Pkws (oder Lkws) möglichst schlicht und einfarbig gestalten. Eine vielfarbige, unruhige Atmosphäre könnte Sie zu sehr ablenken.
- Münzen für die Parkuhr deponieren Sie auf der linken Seite des Armaturenbretts (dazu können Sie zum Beispiel ein beidseitiges Klebeband verwenden). Die Reichtumsecke, den „Ruhm", also Ihre Anerkennung im Betrieb und bei den Kunden, unterstützt ein kleines, rotes Seidenband, das an der Halterung des Rückspiegels befestigt wird. Im Bereich der Geschäftsbeziehungen (Handschuhfach, Ablage des Beifahrersitzes) sind Ihre Kundenkarteien, der Terminplaner und Ihr Handy gut aufgehoben.
- Ein ganz spezieller Tip von uns: Führen Sie immer einen Kompaß mit sich und betreten Sie die Firma oder das Geschäft Ihres Kunden aus Ihrer persönlichen Glücksrichtung. Ist das nicht möglich, dann notieren Sie sich andere für Sie günstige Richtungen (siehe Tabelle S. 88). Sie haben dann die Energie im Rücken, die sie stärkt.
- Ihr mobiles Büro entspricht dem Trigramm Chen, das die Bewegung von Ort zu Ort repräsentiert. Chen steht für den Osten, das Holz und die Farbe Grün. Achten Sie darauf, daß Sie immer eine Entsprechung dabei haben, ob das nun ein Holzkugelschreiber, der Regenschirm mit Holzgriff und/oder ein Schlüsselbund-Anhänger aus grünem Malachitstein ist.
- Es kann auch von Vorteil sein, wenn Accessoires Ihrer Kleidung

Für viele Berufstätige ist der Pkw zum zweiten Arbeitsplatz geworden. Auch in diesem Fall kann man mit einfachen, aber gezielten Feng-Shui-Maßnahmen positive Ergebnisse erzielen.

der Farbe Ihres Elementes entsprechen zum Beispiel das Uhrenarmband, der Gürtel, das Einstecktuch, ein Seidenschal, die Krawatte oder die Tasche. Diese dezente Verstärkung Ihres persönlichen Elements empfehlen wir auch bei Vorstellungsgesprächen.

Das Büro zu Hause. Achten Sie darauf, daß Ihr Heimbüro eine in sich geschlossene Einheit bildet. Sie sollten nach Möglichkeit nach getaner Arbeit die Tür hinter sich schließen können und nicht weiterhin Ihren Schreibtisch im Blick haben. Das gilt vor allem für

*Abb. rechts:
Frauen, die Kindererziehung und Berufstätigkeit miteinander vereinbaren müssen, laufen Gefahr, zwischen den vielfältigen Anforderungen aufgerieben zu werden. Hier hilft nur eins: Versuchen Sie Arbeit und Privatleben so weit wie möglich von einander zu trennen. Ein erster Schritt hierzu wäre ein vom Wohnraum getrennter Arbeitsbereich.*

Selbständige, für die wir auf S. 78/79 einen entsprechenden Fragebogen zusammengestellt haben.

Weit verbreitet, aber im Hinblick auf Feng Shui nicht eben günstig, ist das im Souterrain gelegene Arbeitszimmer. Hier erreicht Sie nicht genügend Tageslicht, außerdem „steigen Sie ab", wenn Sie arbeiten wollen. Aber keine Bange, auch hier hilft uns Feng Shui weiter. Als Ausgleich stellen Sie vor der Eingangstür zu Ihrem Arbeitszimmer eine helle Leuchte auf (hier sammelt sich viel Energie, die beim Öffnen der Tür in Ihr Heimbüro dringt). Um das fehlende Tageslicht auszugleichen, empfiehlt es sich, mit der Sonnenfarbe Gelb möglichst viele Akzente zu setzen.

Beliebt ist das kleine Büro unter dem Dach. Steht Ihr Arbeitsplatz jedoch direkt unter einer Dachschräge, werden Sie durch die räumliche Einengung nicht mit ausreichend Ch'i versorgt. Stellen Sie deshalb Ihren Schreibtisch so, daß Sie nicht auf die Schräge, sondern in den offenen Raum schauen. Freigelegte Balken wirken als „versteckte Pfeile", ihre Kanten sollten Sie mit rankenden Pflanzen entschärfen.

Haben Sie kein eigenes Arbeitszimmer zur Verfügung, dann suchen Sie sich einen geeigneten Bereich in Ihrer Wohnung, in dem Sie ungestört arbeiten können. Ein Raumteiler (Paravent oder Schrank) gibt Ihnen das Gefühl, in einem eigenen Zimmer zu arbeiten, und Arbeit und Wohnen werden energetisch getrennt.

FENG SHUI IN DER ARBEITSWELT

Wenn die Karriere stagniert

Nicht immer kann es im Beruf steil bergauf gehen. Wir alle kennen Zeiten der Krise und der Stagnation. Viele fürchten um ihren Arbeitsplatz, und manche stehen am Rande einer Kündigung, weil sie vom Chef und/oder den Kolleg/inn/en gemobbt werden und nicht wissen, wie sie sich wehren sollen. Andere haben Schwierigkeiten, den Wiedereinstieg in den Beruf zu schaffen, etwa nach der Babypause, der Arbeitslosigkeit oder einer längeren Krankheit.

Nun ist es durchaus verständlich, wenn Menschen, die von derartigen Schwierigkeiten betroffen sind, traurig, resigniert oder zornig reagieren. Sie fühlen sich ohnmächtig einer Situation ausgeliefert, die sie nur wenig oder überhaupt nicht beeinflussen können. Und so zieht jede äußere Blockade auch eine innere, emotionale nach sich. Dabei ist es gerade in dieser Situation erforderlich, wieder zu sich selbst zu finden, sich der eigenen, längst verdrängten Wünsche, Sehnsüchte und Bedürfnisse bewußt zu werden, um sich neu orientieren zu können.

In diesem Kapitel werden wir Ihnen einige Beispiele für das innere Feng Shui geben, die Ihnen dabei helfen werden, Ihre Balance wiederzufinden. Die universelle Lehre des Feng Shui bietet auch Unterstützung im körperlich-seelischen Bereich. Nicht umsonst sind den Elementen, die ja ein wesentlicher Teil der Feng-Shui-Grundlagen sind, auch Emotionen zugeordnet. So können uns Gefühle und Empfindungen zeigen, was in uns blockiert und somit helfen, unser persönliches Ch'i wieder in Fluß zu bringen. Auch wir wissen, daß es Situationen gibt, in denen gutgemeinte Ratschläge allein

Abb. links:
Wenn sich der Spaß an der Arbeit in Streß und Frust verwandelt, dann versuchen Sie es doch einmal mit innerem Feng Shui. – Dann klappt's auch mit den Kollegen wieder ...

nichts erreichen. Wer gerade deprimiert ist, weil er seinen Job verloren hat, wird kaum bereit sein, in sich zu gehen. Deshalb wollen wir Ihnen nun zuerst einmal einige Empfehlungen für das Feng Shui daheim geben. Denn wer gerade „außer sich" ist, dem bietet sich zumindest die Gelegenheit, an „Äußerem" zu arbeiten. Bringen Sie hier etwas in Bewegung, dann wirkt sich dies auch positiv auf Ihr Inneres aus.

Feng Shui daheim

Ihr Heim ist der Ort, an dem Sie in beruflichen Krisenzeiten neue Kräfte tanken wollen und sollen. Wenn Sie sich niedergeschlagen und lustlos fühlen, ist es an der Zeit, auch einmal Ihr persönliches Wohnumfeld zu überprüfen. Wir empfehlen Ihnen deshalb, Ihr Zuhause der Bagua-Analyse (S. 68) zu unterziehen. Beachten Sie insbesondere die folgenden Punkte:

- Aktivieren Sie den Karrierebereich, den des Reichtums und des Ruhms.
- Wir möchten Ihnen außerdem vorschlagen, an einem geeigneten Platz in Ihrer Wohnung eine kleine „Berufsecke" einzurichten, in der Sie zum Beispiel Ihre Bewerbungen formulieren oder an Ihren Zukunftsplänen arbeiten.
- Hat eine lange Krankheit Sie beruflich zurückgeworfen, dann sollten Sie sich besonders dem Bereich „Gesundheit" widmen.

Das innere Feng Shui

Eine sehr gute Möglichkeit, Ihr persönliches Ch'i zu stärken, ist auch der gezielte Einsatz von Farben. Neben der Wohnraumgestaltung bietet sich auch eine Farbtherapie am Körper über das Tragen von farbigen Kleidungsstücken an. Personen, die auf der Suche nach einem neuen Arbeitsplatz sind, empfehlen wir, die Farben Grün und

WENN DIE KARRIERE STAGNIERT

Blau zu tragen (besonders bei Vorstellungsgesprächen), denn sie stehen für neue Möglichkeiten und Chancen.

Da wir eben in einer solchen, für uns schwierigen Situation nicht ausgeglichen sind, können uns jeweils drei aufeinanderfolgende Farben im Schöpfungszyklus helfen, die nötige Balance wiederzufinden (siehe S. 27): Grundfarbe ist diejenige, die dem persönlichen Element entspricht; dazu tragen wir die vorausgehende und die auf unser persönliches Element folgende Farbe. Auf diese Weise wird sowohl ein Energieüberschuß als auch ein Energiemangel ausgeglichen. Konkret heißt das: Ist die Ihrem Element zugeordnete Farbe Weiß, so könnte die Farbkombination Gelb, Beige, Weiß und

Die wichtigsten Minuten des Tages: Meditation ist die beste Art, sein inneres Gleichgewicht wiederzufinden. Selbst streßgeplagte Manager praktizieren diese Methode, um neue Energie zu tanken.

Dunkelblau (Schwarz) hilfreich sein. Übrigens heißt das nicht, daß Sie wie ein „bunter Hund" herumlaufen müssen, denn Sie können von diesen Farben auch profitieren, indem Sie farbige Unterwäsche oder Accessoires tragen.

Eine noch genauere Farbanalyse läßt sich über die Emotionen erstellen. Auf dieser Ebene können wir Tag für Tag neu erfühlen, in welchem Bereich wir Disharmonien erleben und dann durch die entsprechende Farbauswahl ausgleichend und heilend wirken. Hier also beginnt das innere Feng Shui. Die nachfolgende Tabelle hilft Ihnen dabei, eventuell vorhandene psychische Stolpersteine auf dem Karriereweg zu beseitigen.

Das innere Feng Shui

Empfindung	Organ	Element	Farbe
Vertrauen, Kummer	Lunge/Dickdarm	Metall	Weiß
Freude, Haß	Herz/Dünndarm	Feuer	Rot
Schwermut, Sorge, Grübeln	Milz/Magen	Erde	Gelb
Wut, Ärger, Toleranz	Leber/Gallenblase	Holz	Grün
Angst, Mut, Bescheidenheit	Niere/Blase	Wasser	Dunkelblau

Haben Sie zum Beispiel Angst, so ist das energetische Gleichgewicht des Organpaares Niere/Blase (Element Wasser) gestört. In diesem Fall könnten Sie die innere Balance leichter wiederfinden, indem Sie die Farbe Dunkelblau mit der im Schöpfungszyklus vorhergehenden Farbe Weiß und der nachfolgenden Grün kombinieren. Ein anderer Weg zu innerer Harmonie ist die Visualisierung der entsprechenden Farben, wodurch eine Reinigung und Belebung der damit zusammenhängenden Organsysteme erreicht wird. Setzen Sie sich dazu bequem aber aufrecht auf einen Stuhl und atmen Sie mit geschlossenen Augen tief ein und aus. Beim Einatmen stellen Sie sich vor, wie die jeweilige Farbe das entsprechende Organ durchflutet. Beim Ausatmen lassen Sie ganz bewußt alles Belastende los. Beginnen Sie diese Übung mit der Farbe Weiß und gehen Sie in der Reihenfolge vor, die Sie in der Tabelle auf S. 116 finden.

Die Graphotherapie

Eine sehr aufschlußreiche Schnittstelle zwischen innerem und äußerem Feng Shui ist die Handschrift oder genauer: die Unterschrift. Hier wird sichtbar, wie Sie sich selbst sehen und empfinden. Die Graphologie diagnostiziert hier interessante Zusammenhänge: Wer dazu neigt, die Buchstaben zusammenzupressen, gibt zu erkennen, daß er ein eher ängstlicher Typ ist; sehr kleine

> **FENG-SHUI-PRAXIS**
> *Die Karriere eines Malers*
>
> Eine Graphotherapie half dem Maler Karl B. weiter. Er malte – lange Jahre ziemlich erfolglos – surrealistische Bilder in düsteren Farben, die mit seiner genial-unleserlichen Unterschrift versehen waren. Dann lernte er eine Frau mit einem siebenjährigen Kind kennen und lieben. Nachmittags half er dem Jungen oft bei den Schulaufgaben, und ihm gefiel die „Schönschrift" des Kindes so sehr, daß er sie für sich übernahm. Elegant geschwungen und leserlich prangte von nun an sein Signet unter den Bildern. Und auch diese begannen sich zu verändern, wurden heller und heiterer und von nun an auch sehr gern gekauft.

Die Unterschrift verrät viel über die Persönlichkeit eines Menschen. Sie drückt sowohl das aus, was wir bewußt zeigen wollen, erzählt aber auch einiges über das Unbewußte. So ahnt man bei Ingeborg Bachmann die Dichterin, ihre Unterschrift wirkt leicht, fast gedankenverloren. Ein Mann der Tat und zugleich bedeutender Forscher war Alexander von Humboldt. Seine Unterschrift ist energisch und zielgerichtet. Die sinnlich-musikalische Ader des genialen Komponisten Johann Sebastian Bach spiegelt sich auch in seiner Unterschrift wider, die fließend und harmonisch erscheint.

Unterschriften wiederum weisen auf ein mehr oder weniger gestörtes Selbstwertgefühl hin. So interessant diese Erkenntnisse der Graphologie auch sein mögen – es fehlt ihnen doch etwas Entscheidendes: die Therapie. Deshalb möchten wir Sie nun auch an dieser Stelle mit einigen Möglichkeiten der Graphotherapie vertraut machen.

Die Graphotherapie geht davon aus, daß sich über gezielte Veränderungen der Schrift auch innere Blockaden lösen lassen. In Frankreich etwa ist die Graphotherapie längst anerkannt. Das hat auch der Wissenschaftler Raymond Trillet mit seinen Experimenten bewiesen. So ließ er beispielsweise Schüler mit Konzentrationsstörungen und Stotterer ebenso Kinder, die nichts zu Ende führen können, besonders lange, schwungvolle und miteinander verbundene Linien zeichnen und erzielte dadurch erstaunliche Erfolge. Mit gezielten Schreibübungen können auch wir Erwachsene die uns einengenden Verhaltensmuster ablegen lernen. Überprüfen Sie doch einmal die Entwicklung Ihrer Handschrift. Sicherlich werden auch Sie feststellen, daß Sie in Streßzeiten anders ge- und unterschrieben haben, als in harmonischen Phasen. Sehen Sie sich nun Ihre derzeitige Unterschrift an und überlegen Sie, inwieweit Sie Beziehungen zwischen ihr und Ihrer beruflichen Situation herstellen können.

- Besteht Ihre Unterschrift aus Einzelbuchstaben, die nicht oder kaum verbunden sind, fehlt Ihnen vielleicht der lange Atem, den Sie nun mal zum Aufstieg brauchen. Versuchen Sie deshalb ganz bewußt, alle Buchstaben miteinander zu verbinden.
- Zeichnet sich Ihre Unterschrift durch besonders lange und ausladende Schleifen nach oben und unten aus, so orientieren Sie sich vielleicht zu sehr an Äußerlichkeiten und vergessen dabei die Hauptperson, nämlich sich selbst. Ihre Aufgabe sollte es nun sein, die Schleifen mit den Buchstaben in der Hauptzeile in ein harmonisches Verhältnis zu bringen.
- Haben Sie eine fast unleserlich kleine Unterschrift, deutet das darauf hin, daß Sie sich oftmals übergangen fühlen. Versuchen Sie ganz bewußt größer und auch leserlicher zu schreiben.
- Vergessen Sie oft die Punkte beim i, ä, ö, ü oder setzten Sie diese Zeichen „verstreut im Raum", dann läßt das den Schluß zu, daß Ihre Gedanken den Taten oft vorauseilen. Schließen Sie jede Sache bewußt ab und geben den Umlauten ihre Punkte!

Wenn Sie sich ausführlich mit der Graphologie oder Graphotherapie auseinandersetzen möchten, finden Sie im Anhang zu diesem Buch entsprechende Literaturangaben. Ganz allgemein können wir Ihnen den Ratschlag mit auf den Weg geben, an einer ausgewogenen, harmonischen Handschrift zu arbeiten, denn sie ist – ebenso wie die Gestaltung Ihres Wohn- und Arbeitsumfeldes – ein Spiegelbild Ihrer Persönlichkeit.

NACHWORT

Ein Brief an unsere Leser

Vor ziemlich genau einem Jahr ist unser Buch „Wohnen mit Feng Shui" erschienen. Seitdem erreichten uns Berge von Post, und an manchen Tagen konnten wir den Telefonhörer kaum aus der Hand legen. Bei solch einer Resonanz blieb es leider auch nicht aus, daß die eine oder andere Anfrage länger liegenblieb, als uns lieb war. Wir danken Ihnen für das Verständnis.

Viele Leser baten uns um Haus- und Firmenanalysen, fragten nach unseren Terminen für Seminare und Lesungen. Und dann gab es auch noch zahlreiche „Hilferufe", denn unseren aufmerksamen Lesern ist natürlich nicht entgangen, daß die gerade in den vergangenen Monaten immer zahlreicher erschienenen Feng-Shui-Bücher unterschiedliche Wege und Methoden vorstellen. Gerade an diesem Punkt entstehen häufig Unsicherheiten und Mißverständnisse, da sich einige Methoden ausschließen oder gar widersprechen.

Besonders deutlich wird das bei der Bagua-Analyse oder der Berechnung des persönlichen Elements. So verwenden wir die Theorie des „Drei-Türen-Bagua" (sie kennt bei der Analyse drei mögliche Positionen der Tür), da wir davon ausgehen, daß der Eintritt des Ch'i in einen Raum von entscheidender Bedeutung ist. Von hier aus bewegt und verwandelt sich die Energie im Raum. Ausgangsbasis der Bagua-Analyse ist für uns also die Tür und nicht ausschließlich die Himmelsrichtung. In diesem Buch haben wir Ihnen aber auch Wege aufgezeigt, wie Sie bei der Planung von Büro- und Geschäftsräumen die Trigramme und die Himmelsrichtungen mit einbeziehen können.

Sie sehen also, Feng Shui ist keine starre Lehre – im Gegenteil! Diese in Jahrtausenden gewachsene Harmonielehre kennt viele Wege, die zum Ziel führen. So verwundert es nicht, daß viele Praktiker mal diese mal jene Methode aufgreifen oder die eine mit der anderen verknüpfen.

Besonders bei der Berechnung des persönlichen Elementes scheint dieser Ansatz zunächst schwer verständlich. In diesem Buch haben wir Ihnen – anders als in „Wohnen mit Feng Shui" – die weitergehende Ermittlung über die Horoskopzahl vorgestellt. Da sie die Tage und Monate mit einbezieht, ist sie für die Berufsanalyse bestens geeignet. Bitte bedenken Sie: Jeder Mensch ist stets eine Mischung aus allen Elementen, auch wenn eines vorherrscht – welches, hängt immer von der Sichtweise (Methode) ab. Und die unterscheidet sich von Lehre zu Lehre und stiftet allzuoft Verwirrung. Wenn wir uns jedoch darüber klarwerden, daß alle Elemente in ständiger Wechselwirkung zueinander stehen und sich beeinflussen, egal an welchem Punkt (Element) man den Ausgleich beginnt, ist dieser Gedanke etwas leichter nachvollziehbar.

Also kann die Ermittlung des persönlichen Elementes – über welche Methode auch immer – nur ein Anhaltspunkt sein. Irgendwann werden Sie die Zutaten Ihres Elementen-„Cocktails" erspüren lernen – hier ein wenig Feuer, dort ein bißchen Holz oder auch Wasser.... Wegweiser dahin sind Gefühle, Verhaltensmuster und die Antlitzdiagnose, die Ihnen über äußere Merkmale Hilfestellungen geben. Diese Feinabstimmung ist jedoch nicht Thema dieses Buches, sondern unter vielem anderen wichtiger Bestandteil der Schulungen unseres Instituts. Wie Sie schon erfahren haben, beschränken wir uns dabei nicht „nur" auf die äußere Gestaltung der Lebens- und Arbeitsräume, sondern beziehen das innere Feng Shui stets mit ein. Je mehr Sie sich auf diese Harmonielehre einlassen, um so klarer erkennen Sie, daß Feng Shui in erster Linie ein Weg ist, sich selbst zu erkennen und zu entwickeln. Sie dabei zu unterstützen ist unser Wunsch und Ziel.

REGISTER

Akupunktur 20
Anerkennung 42
Arbeitsumfeld, Gestaltung 59
Arbeitszimmer 68
Arztpraxis 91
Aussicht, fehlende 13
Auto 108

Bagua 40
-, Beziehungen/Partnerschaft 42
-, Gesundheit/Familie 42
-, Hilfreiche Freunde/Mentoren 43
-, Karriere 41
-, Kinder, Projekte, Ziele 43
-, Reichtum 42
-, Ruhm und Anerkennung 42
-, Tai Chi 43
-, Wissen 42
Bagua-Analyse in der Feng-Shui-Praxis 68
Bagua-Fehlbereiche 49
Bagua-Organ 40
Bagua-Spiegel 50
Balance, innere 12
Bars 98
Beharrlichkeit 15
berufliches Element 67
bewegte Objekte 51
Blumen 48
Büro zu Hause 109
Büroräume 99

Cafes 98
Ch'i 20
Ch'i, Bewegung in Räumen 46
Ch'i-Zustand 45
Ch'ien, das Schöpferische 33, 35
Chen, der Donner 33, 35

Dominanz 32
Drei-Türen-Bagua 120
Duftlampen 53
Edelsteine 54
Eingangsbereich 85
Einzelbüro 102
elektrische Geräte 51
Elemente, günstige und ungünstige Kombinationen 29
Elemente, Zuordnungen 30
Elemente und ihre Beziehungen 28
Elemente-Theorie 26
Energie, universelle 20
Energie, fehlgelenkte 21
Energieautobahnen 21, 23, 46
Energiefluß 19
Energiemangel 22

Energieniveau am Arbeitsplatz 46
Energiesparlampen 51
Entsprechungen von Yin und Yang 25

Farben, Bedeutung 101
Fassade 86
Fehlbereiche 69, 70, 78
Fehlbereiche, Ausgleich 71
Feng Shui, Basiswissen 19 ff.
-, Hilfsmittel 45 ff.
-, inneres 12, 114, 116
Feng Shui daheim 114
Feng-Shui in der Arbeitswelt 91
Feng-Shui-Analyse für Arbeitgeber 60
- für Arbeitnehmer 59
Feng-Shui-Berater 61
Feng-Shui-Fragebogen für Arbeitgeber und Selbständige 78
- für Arbeitnehmer 79
Feng-Shui-Fuß 56
Feng-Shui-Glücksmaße 55
Feng-Shui-Grundregeln 76 ff.
Feng-Shui-Lineal 56
Feng-Shui-Monatszahlen 66
Feng-Shui-Praxis 13, 14, 15, 21, 26, 32, 54, 57, 64, 68, 70, 72, 73, 84, 87, 117
Feng-Shui-Wohnungsanalysen 13 ff.
Fenster 89
Formenschule 19, 81
fünf Elemente 26
Fünf-Elemente-Theorie 26, 62

Gebäudemerkmale 61
Geburtsjahreszahlen 65
Geburtszahlen und ihre Zuordnung 66
Gehweisen 26
Gemeinschaftsbüro 105
Gesamtgrundriß 69
Geschäfte 96
Geschäftsgebäude, Lage 82
Gesundheit/Familie 42
Glücksmaße, richtig einsetzen 57
Glücksrichtungen 63, 88
Graphotherapie 117
Großraumbüro 107
Grundbausteine des I-Ging 33
Grundriß in T-Form 71
Grundriß, quadratischer 41
Grundriß in L-Form 71

Harmonielehre 7
Haupteingangstür, Ausrichtung 72
Hausanalyse 13, 14
hilfreiche Erweiterung 69, 70
hilfreiche Freunde/Mentoren 43

Hilfsmittel 45 ff.
Himmelrichtungen 37
Horoskopzahl 39, 63

I-Ging 32
I-Ging-Glücksband 55
Innenarchitektur, mystische 7
innere Stimme 12
Intuition 8

K'un, das Empfangende 33, 34
Kan, das Abgründige 33, 35
Karriere 41
Katma-Essenzen 48
Kaufhäuser 98
Ken, der Berg 33, 35
Kinder 42
Klangspiele 51
Kompaßschule 19
Konferenzraum 107
Kontrollzyklus 27
Kosmetikstudios 96
Krankengymnastik 95
Kristallampen 52
Kübelpflanzen 48

Lebensanschauung, westliche 25
Lebensenergie 20
Lebensmittel 96
Lebensphilosophie, östliche 25
Lebensziele des Bagua 41
Li, die Hitze 33, 34
Licht 50
Lo Shu 39

magisches Quadrat 39
Meditation 115
Mineralien 54
Miniteiche 54
Mobbing 106
Mobiles 51

nachhimmlische Reihenfolge 38
Neubeginn 11
Neunerregel 39

persönliches Element 63
Pflanzen 48
Praxisräume 94
Projekte 42
Psychotherapie 95

Rationalisierung 11
Raum-Bagua 102, 104
Raumpsychologie 12

Restaurants 96, 98
Rolltreppen 98
Rosenquarz 48
Rubin-Essenz 48
Ruhm 42

Schmuck 96
Schreibtisch 45, 99
Schreibtisch-Bagua 72, 102, 103
Seidenblumen 48
Sha 21
Sha-Einflüsse 23
Sha-Einflüsse ausgleichen 76
Sha-Zustand 45
Spannungsfelder 33
Spiegel 49
Spiegel, besondere 50
Spielwaren 96
Stagnation der Karriere 113
Sun, das Sanfte 33, 36

Tai Chi 43
Teddybär 53
Trafos 551
Trigramme 32
Trigramme, Anordnung 37
Trigramme in der Feng-Shui-Praxis 72
Trigramm-Theorie im Firmen-
   gebäude 73
Tui, das Heitere 33, 34
Türen, Ausrichtung 88
Türglocken 53

Umgebungselement 67
Umgebungs-Feng-Shui 81
Unterschrift 118

Veränderungszyklen 72
Verschlankung 14
versteckte Pfeile 21, 89
vorhimmlische Reihenfolge 37

Wandlungsphasen 27, 33
Wasser 9, 54
Weinhandlungen 96
Wind 9
Windspiele 51
Wissen 42

Yang 24
Yin 24

Zerstörungszyklus 27
Ziele 42
Zimmerspringbrunnen 54

LITERATUR

> **WICHTIGER HINWEIS**
>
> Dieses Buch für Einsteiger stellt eine sehr stark vereinfachte Form des Feng Shui vor, die für unseren Lebensraum leichter nachvollziehbar ist als die sehr komplexe chinesische Feng-Shui-Lehre. Die Im Buch gezeigten Vorschläge und Beispiele erheben keinen Anspruch auf Vollständigkeit; dies ist auch im Rahmen eines kleinen Ratgebers nicht möglich. Sie sollen nur beispielhaft Anregungen geben, wie Sie mittels Feng Shui Ihren beruflichen Erfolg fördern können. Weder die Autoren noch der Verlag können für die Wirksamkeit der Maßnahmen garantieren.

Literaturempfehlungen

Brown, Simon: „Feng Shui", Goldmann Verlag, München 1997

Fröhling, Thomas & Martin, Katrin: „Wohnen mit Feng Shui", Mosaik Verlag, München 1997

Kislinger, Elisabeth & Hofmann, Helga: „Feng Shui im Garten", Mosaik Verlag, München 1999

Kwok, Man-Ho: „Feng-Shui-Set", Goldmann Verlag, München 1995

Linn, Denis: „Die Magie des Wohnens", Goldmann Verlag, München 1996

Walters, Derek: „Feng Shui – Die Kunst des Wohnens", Goldmann Verlag, München 1995

Für das innere Feng Shui: Die KATMA-Edelstein-Essenzen, Mosaik Verlag

Verzeichnis der Tabellen

Sha-Einflüsse in der äußeren Umgebung des Arbeitsplatzes 23
Sha-Einflüsse am Arbeitsplatz 23
Die Entsprechungen von Yin und Yang 25
Die Elemente und ihre Beziehungen 28
Günstige und ungünstige Kombinationen der Elemente 29
Die fünf Elemente und ihre Zuordnungen 30/31
Die acht Trigramme und ihre Namen 33
Die acht Abschnitte des Feng-Shui-Fußes und ihre Symbolik 56
Günstige Feng-Shui-Maße für Beruf und Karriere 57
Geburtsjahreszahlen 1922–2003 65
Die Feng-Shui-Monatszahlen 66
Die Geburtszahlen und ihre Zuordnungen 66
Hier sind Sie auch beruflich in Ihrem Element 67
Welches Trigramm harmoniert mit welcher Tätigkeit 74/75
Ihre persönliche Glücksrichtung 88
Das innere Feng Shui 116

Feng Shui Service

Haben Sie Fragen rund um Feng Shui, wenden Sie sich an:

„Deutsches Feng Shui Institut"
Bauberatung, Ausbildung, Gartengestaltung

Gründung und Leitung: K. Martin & Th. Fröhling
Kapellenweg 6
79294 Sölden
Tel: 0761/40 46 07
Fax: 0761/40 46 53
Internet:
www.Deutsches-FengShui-Institut.de
www.FengShui-Galerie.de
www.katmafesh.de

Das Deutsche Feng Shui Institut vermittelt Ihnen kompetente Berater in Ihrer Nähe für Firmen- und Privatanalysen, hilft bei Haus- und Siedlungsplanungen, widmet sich der Erforschung dieser uralten Lehre und ihrer Übertragung in unsere heutige Zeit.

Weiterhin bietet es – in Zusammenarbeit mit der Architektenkammer – Aus- und Weiterbildungsprogramme für Architekten, Raumausstatter und Bauunternehmen an.

Für alle diejenigen, die Feng Shui zu Ihrem Beruf machen wollen, wird ein insgesamt sechs Monate dauerndes Ausbildungsprogramm angeboten. Diese Schulung setzt sich zusammen aus Intensivkursen vor Ort und dem Fernstudium bei Ihnen daheim.

IMPRESSUM

Bildnachweis

Bavaria-Bildagentur 4 unten, 5 unten, 30 links, 53 rechts, 58, 100/101, 109, 111, 112 / Bordis-Deuter 6
Bilderberg / Enders 4 oben, 10
Ushie-Farkas-Dorner 5, 2. von oben, 8, 20, 27, 37, 38, 41, 89, 106
Reinhard Frick 52 beide
IFA- Bilderteam 30 rechts / Aberham 86 / FUFY 53 links / Held 5, 3. von oben, 61 / Heron 2 / Koch 115 /
Meissner 88 / Nacivet 97 / Waldenfels 49 / Ypsilon 22
Jahreszeiten-Verlag / Schwan 44
Picture Press / Rosenfeld 4, 3. von oben, 47
Reinhard-Tierfoto 31 rechts, 76
Studio 5, München 39, 46, 82, 92, 102
Tony Stone Bilderwelten 4, 2. von oben, 5 oben, 17, 31 links, 80, 107, / Brown 95 / Grey 91

© 1998 Mosaik Verlag, München
in der Verlagsgruppe Bertelsmann GmbH / 5 4 3 2

Redaktionsleitung: Halina Heitz
Redaktion: Hanna Forster
Bildredaktion: Helga August
Layout und DTP: Peter Pleischl
Umschlaggestaltung: Design Team München
Reproduktionen: Artilitho, Trento
Druck: Alcione, Trento
Bindung: Ecoprint, Lavis-Trento
Printed in Italy

ISBN 3-576-11192-1

Bücher über das Leben im Einklang mit der Natur

♦ Michael Gienger
Die Heilsteine der Hildegard von Bingen
Das Hausbuch der Steinheilkunde. Neue Erkenntnisse zu alten Weisheiten.
144 Seiten, ca. 50 Zeichnungen, 24 Farbfotos
ISBN 3-576-10651-0

♦ Dr. med. Elke Haase-Hauptmann
Die Gesundheitsküche der Hildegard von Bingen
Ausgewogene und schmackhafte Ernährung für inneres Gleichgewicht und Wohlbefinden
128 Seiten, ca. 50 farbige Illustrationen
ISBN 3-576-10770-3

♦ Dr. med. Elke Haase-Hauptmann
Die Heilkräuter der Hildegard von Bingen
Ausgewählte Kräuter für Hausapotheke und Küche. Anbau, Pflege und Verwendung
144 Seiten, ca. 80 Farbabbildungen
ISBN 3-576-11040-2

♦ Kurt Simon
Erdstrahlen und Wasseradern
Wie sie auf Menschen, Tiere und Pflanzen wirken, wie man sie erkennt, welche Schutzmaßnahmen es gibt.
128 Seiten, ca. 25 Farbfotos
ISBN 3-576-10758-4

♦ Eva-Katharina Hoffmann
Energiepflanzen im Haus
Welche uns gut tun, welche nicht zu uns passen. 88 Zimmerpflanzenportraits mit Pflegetips
128 Seiten, ca. 100 Farbabbildungen
ISBN 3-576-10795-9

♦ Katrin Martin/Thomas Fröhling
Katma-Edelsteinessenzen
15 Edelsteinessenzen, ihr Wesen, ihre Wirkung. Mit Wegweiser zur passenden Essenz und Anleitung zur Selbstherstellung
128 Seiten, ca. 50 Abbildungen
ISBN 3-576-10797-5

♦ Katrin Martin / Thomas Fröhling
Wohnen mit Feng Shui
Mehr Harmonie, Gesundheit und Erfolg durch gezieltes Einrichten und Gestalten.
128 Seiten, ca. 50 Farbabbildungen
ISBN 3-576-10713-4

♦ Volker Drolshagen/Karin Hoffmann
Die Sprache der Bäume
Was Wuchs und Rinde über Bäume verraten. Neue Erkenntnisse in der Baumpflege-Praxis
112 Seiten, ca. 50 Abbildungen
ISBN 3-576-10796-7

♦ Claudia Graf
Gärtnern mit dem Mond
Günstige Mondzeichen in der Gartenpraxis erfolgreich nutzen. Mit Aussaatkalender bis ins Jahr 2005.
128 Seiten, ca. 50 Farbfotos und Illustrationen
ISBN 3-576-11049-6

♦ Claudia Graf
Leben mit dem Mond
Günstige Tage erfolgreich nutzen - in der Liebe, im Haushalt, für Schönheit und Gesundheit.
128 Seiten, ca. 50 Farbfotos
ISBN 3-576-11050-X

♦ Peter Ortmann
Naturgeister
Elementare Energien aus der Kraftquelle Natur. Ein Praxisbuch.
128 Seiten, ca. 35 Farbabbildungen
ISBN 3-576-11066-6

♦ Cornelia Adam / Jutta Keller
Urkraft Licht
Mythen, Magie, Wissenschaft, Ernährung, Rezepte
128 Seiten, ca. 50 Farbabbildungen
ISBN 3-576-11107-7

♦ Cornelia Adam / Jutta Keller
Urkraft Wasser
Mythen, Magie, Wissenschaft, Ernährung, Rezepte
128 Seiten, ca. 50 Farbabbildungen
ISBN 3-576-11108-5

Mosaik
Erhältlich überall dort, wo es Bücher gibt.